Katharina Maehrlein

Achtsamkeit ganz praktisch

Katharina Maehrlein

ACHTSAMKEIT
GANZ PRAKTISCH

Wie Sie bei sich bleiben,
statt außer sich zu geraten

Bibliografische Information der Deutschen Nationalbibliothek

Die Deutsche Nationalbibliothek verzeichnet diese Publikation in
der Deutschen Nationalbibliografie; detaillierte bibliografische
Informationen sind im Internet unter http://dnb.d-nb.de abrufbar.

ISBN 978-3-86936-759-0

Lektorat: Anja Hilgarth, Herzogenaurach
Umschlaggestaltung: Martin Zech Design, Bremen | www.martinzech.de
Foto auf der Umschlagrückseite: Pawel Jatczak
Autorenfoto: Charlotte Venema
Fotos: Andreas Maehrlein
Satz und Layout: Das Herstellungsbüro, Hamburg |
www.buch-herstellungsbuero.de
Druck und Bindung: Salzland Druck, Staßfurt

www.gabal-verlag.de
www.twitter.com/gabalbuecher
www.facebook.com/Gabalbuecher

Denen, die immer da sind, wenn es darauf ankommt:
meinen Töchtern, Heidi Lensing, Michaela Schreiber, Heinz Meloth

Und in Dankbarkeit all denjenigen, die sich von meinen Worten
inspirieren lassen ☺

Inhalt

»Einstiegsgedanken«   8

1. Achtsamkeit – das Heilmittel gegen emotionalen Durchfall   11

2. Was meine ich mit »Achtsamkeit«?   17

3. Einstieg in die Achtsamkeitspraxis   37

4. Achtsamkeitsübungen   51

5. Zwischencheck: Sind Sie auf dem richtigen Weg?   89

6. Achtsamkeit to go für jede Gefühls- und Lebenslage   99

7. »Vipassana«   119

Über die Autorin   129

»Einstiegsgedanken«

Liebe Leserin, lieber Leser,

ich freue mich sehr, dass Sie sich in Achtsamkeit üben möchten, und es ist mir eine Herzensangelegenheit, Sie dabei nach Kräften zu unterstützen.

Wissen Sie, jahrzehntelang litt ich unter einem fiesen Problem: Ich bekam bei jeder Gelegenheit »emotionalen Durchfall«; ich konnte meine Gefühle kaum steuern und wurde von Emotionen wie Wut, Trauer, Neid auch dann gefangen genommen, wenn es viel sinnvoller gewesen wäre, sachlich und fokussiert zu bleiben. Und oft war ich ganz erschöpft von diesem energieverschwendenden Problem. Es hat lange gedauert, bis ich überhaupt gemerkt habe, dass vieles an dem, was mich stresste, einfach nur »hausgemacht« war. Achtsamkeitstechniken haben mir geholfen, bei mir und gelassen zu bleiben, statt ständig außer mich zu geraten.

Was auch immer Sie in Ihrem Leben noch besser in den Griff bekommen möchten, ich behaupte aus leidvoller Erfahrung: Achtsamkeit ist die Lösung! Und fantastischerweise ist sie einfach, kostenlos, immer und überall machbar!

In diesem Büchlein habe ich Ihnen alles zusammengefasst, was Sie brauchen, um in die Achtsamkeitspraxis einzusteigen oder sie weiter auszubauen. Und wenn Sie dann Feuer gefangen haben, möchten Sie Ihre vielleicht noch etwas vertiefen; meinen kleinen Erfahrungsbericht zu einem Vipassana-Retreat, das ich Ihnen übrigens sehr ans Herz legen möchte, finden Sie am Ende des Buches.

Zunächst werde ich Sie aber langsam in das Thema einführen und wir prüfen gemeinsam, wo Sie momentan in puncto »Achtsamkeit« gerade stehen. Und dann geht es auch schon los mit den Übungen!

Ich wünsche Ihnen viel Freude beim Zähmen Ihrer Emotionen und dem Erleben der zahlreichen weiteren positiven Effekte auf Ihr Leben.

Herzliche Grüße

Katharina Maehrlein

P.S.: Und wenn Sie stecken bleiben oder ein Feedback zu Ihren Erfahrungen loswerden möchten, melden Sie sich bitte gerne bei mir! Ich freue mich auf Ihre Kontaktaufnahme unter mail@katharina-maehrlein.de.

»Das eigene Wesen völlig zur Entfaltung zu bringen, das ist unsere Bestimmung.«

Oscar Wilde

1. Achtsamkeit – das Heilmittel gegen emotionalen Durchfall

»Zwischen Reiz und Reaktion gibt es einen Raum. In diesem Raum hat der Mensch die Freiheit und die Fähigkeit, seine Reaktion zu wählen. In diesen Entscheidungen liegen unser Wachstum und unser Glück.«
VIKTOR FRANKL

Eine große Familienfeier steht an. Sie sitzen gemeinsam am Küchentisch und überlegen, was an Speisen und Getränken angeboten werden soll, wer wo zum Übernachten untergebracht wird. Und dann sagt die Dame Ihres Herzens: »Deine Mutter wird sowieso wieder am Essen herumnörgeln, egal was wir uns überlegen.« Ha, das war ja klar, dass dieses Thema wieder zur Sprache kommt. Entrüstet springen Sie von Ihrem Stuhl auf und brüllen: »Was soll denn das heißen? Du suchst doch nur wieder einen Grund für Streit! Du würdest die ganze Feier am liebsten absagen, das hab ich mir gleich gedacht!« Das lässt Ihre Gemahlin natürlich nicht so im Raum stehen, ein Wort gibt das andere, und der Haussegen hängt für die nächste Zeit ordentlich schief.

Sie kennen das sicherlich: Jemand drückt bei Ihnen verbal einen »Knopf«, trifft damit einen empfindlichen Punkt – und schon geht es los: Sie reagieren wütend, beleidigt oder gar nicht mehr. Vollautomatisch. Denn Sie befinden sich gerade in einer Situation, die in Erinnerung an eine vergleichbare Gelegenheit ruckzuck ein bestimmtes Verhalten in Ihnen auslöst: Rückzug, Aggression oder Passivität, wo Anpacken gefragt wäre, oder wilden Aktionismus, wenn eine behutsame Vorgehensweise sinnvoller wäre. Auf einen Reiz – das kann ein Gedanke, eine Erinnerung, ein Wort, ein Blick oder ein Grinsen zur falschen Zeit sein – folgt reflexartig Ihre unmittelbare Reaktion.

Freitagabends in der Schlange an der Supermarktkasse: Sie sind müde und genervt, weil Sie nach der Arbeit noch einkaufen gehen müssen, wollen nur noch nach Hause. Nervös treten Sie von einem Bein auf das andere. Und dann das: Die Kassiererin hält mit der Kundin direkt vor Ihnen ein Schwätzchen: »Sag mal, Annegret, wo lässt du denn deine Fingernägel machen? Also das sieht ja toll aus!« Das gibt's doch wohl nicht! Sie sehen rot. Und es bricht aus Ihnen heraus: ... (Das Folgende überlasse ich Ihrer Fantasie :-))

Das passiert uns Menschen oft: Ohne dass wir noch darüber hätten nachdenken können, ob diese Reaktion wirklich sinnvoll ist oder nicht, geben wir unseren Impulsen nach, die wir dann wie ferngesteuert und völlig mechanisch in Handlungen umsetzen.

Die Lücke zwischen Reiz und Reaktion

Dabei besitzen wir eine einzigartige Fähigkeit, die uns essenziell von den Tieren unterscheidet: die Fähigkeit, die Lücke zwischen einem auf uns einwirkenden Reiz und unserer Reaktion darauf zu erkennen und den Abstand zwischen diesem Reiz und unserer Reaktion bewusst zu vergrößern.

So können wir uns einen Freiraum, eine Atempause schaffen, in der wir mit klarem Geist aus einer Vielzahl von Handlungsoptionen wählen können: Wir müssen nicht absolut spontan und »blind« vor Wut oder Enttäuschung reagieren. Diese Wahlfreiheit, die uns die Lücke zwischen Reiz und Reaktion lässt, ist grundlegend für ein selbstbestimmtes Leben: ein hohes Maß an Vertrauen in die eigene Fähigkeit, aus sich selbst heraus eine Situation ins Positive verändern zu können und nicht einfach blindlings oftmals alles noch zu verschlimmern.

»Emotionaler Durchfall«

Ich nenne das Nicht-Wahrnehmen dieser Lücke und die daraus resultierende Reaktion einen »emotionalen Durchfall«. Sobald uns ein Reiz-Auslöser erreicht, der stark genug ist, uns »blind« zu machen, setzt sich ein Mechanismus in Gang: Wir steigern uns in die Situation hinein, verlieren Unmengen an Energie und können unsere Gefühle nicht mehr stoppen. Es »fließt« einfach nur so aus uns heraus. Klare Gedanken sind nicht mehr zu fassen.

Denken Sie nur an Ihren letzten Streit, oder an den Ihres besten Freundes, Ihrer besten Freundin: Haben die »Durchfallaktionen« sinnvoll zur Wiederherstellung des Friedens beigetragen? Oder waren sie eher nutzlos bis sogar schädlich? Ich vermute eher Letzteres ...

Und häufig ärgern oder schämen wir uns über diesen unseligen Durchfall spätestens dann, wenn wir wieder klar denken können und feststellen, dass wir den unbedachten Strom unserer Worte und Aktionen nicht mehr zurücknehmen können.

So wie Maria. Eines Tages bringt sie ihre Töchter zu den Schwieger-
eltern. Beim gemeinsamen Kaffeetrinken kippeln die Kinder auf ihren
Stühlen, trommeln mit den Händen auf dem Tisch herum und unter-
brechen laut lachend das Gespräch der Erwachsenen immer wieder.
Maria ruft ihre Kinder zur Ordnung. Die Schwiegermutter sagt: »Ach
lass sie doch, es sind doch Kinder« und streicht den Mädchen über
den Kopf, nachdem sie ihnen noch ein Stück Kuchen auf den Teller
gegeben hat. Maria sagt nichts dazu, ärgert sich stumm, lächelt nur
hilflos. Die Kinder fangen an, den Kuchen auf ihrem Teller mit den
Händen zu zermanschen. Maria bittet sie, damit aufzuhören. Jetzt
schaltet sich auch der Schwiegervater ein: »Maria, nun sei doch nicht
so streng, das macht doch nichts.« Und die Schwiegermutter: »Ge-
nau, lass sie doch spielen, die Kleinen.« Da kann sich Maria nicht
mehr halten und es platzt aus ihr heraus: »Immer fallt ihr mir in den
Rücken! Und ihr habt mich noch nie ernst genommen! Ich kann mich
nicht darauf verlassen, dass ihr euch an meine Erziehungsregeln hal-
tet, ganz im Gegenteil, ihr verzieht die Kinder! Ich nehme jetzt meine
Töchter mit und ihr werdet sie nie wieder sehen!!!«

Es gibt ein wirksames Mittel gegen diesen emotionalen Durchfall: Achtsamkeit. So wie Kohletabletten gegen Diarrhö wirken, so wirken auch
kleine Dosen Achtsamkeit, eingebaut in Ihr tägliches Leben: Sie können
damit dem unkontrollierten Fluss etwas entgegenhalten, Sie lernen,
sich selbst zu steuern, Sie nehmen den Verlauf Ihrer Reaktion bewusst
in die Hand. Sie können Abstand nehmen von diesen »automatischen«
Handlungen und Ihre Emotionen in den Griff bekommen, damit der
»Gaul« nicht mehr so schnell mit Ihnen durchgeht.

Dieses Heilmittel »Achtsamkeit«, völlig umsonst und frei von Neben-
wirkungen, können Sie selbst erzeugen und sich selbst verabreichen.

In diesem Workbook zeige ich Ihnen, wie das funktioniert, und stelle Ihnen praktische Übungen vor, die Sie sofort ausprobieren und anwenden können und mit denen Sie all den unangenehmen Emotionen Ihres privaten und beruflichen Alltags mit Gelassenheit begegnen können. Lesen Sie das folgende Kapitel, um einen Überblick darüber zu erhalten, was Achtsamkeit eigentlich ist und wo und zu was genau sie Ihnen nützt. Im dritten Kapitel geht es dann schon los mit der Praxis: Ich gebe Ihnen Tipps, wie Sie die Übungen am besten durchführen, und übe mit Ihnen im vierten Kapitel die grundlegenden Kompetenzen, auf denen aufbauend Sie die für Sie besten Achtsamkeitsübungen dann durchführen können. Im fünften Kapitel lassen wir kurz Revue passieren, wie weit Sie mit Ihren Achtsamkeitsübungen schon gekommen sind, und ich verrate Ihnen, warum sogar scheinbar misslungene Praxis gut für Sie ist. Im sechsten Kapitel schließlich finden Sie »Achtsamkeit to go«-Übungen, die Sie ohne zusätzlichen Zeitaufwand in Ihren Alltag einbauen können immer dann, wenn Sie eine Extraportion innere Kraft brauchen, an jedem Ort, an dem Sie sich befinden. Sie erlernen einfache Übungen, wie Sie Ihre Emotionen in den Griff bekommen, und finden für jede Gefühls- und Lebenslage eine für Sie passende Übung – je nachdem, bei welchen Gefühlswallungen Sie lieber bei sich bleiben wollen, statt außer sich zu geraten: wenn es mal wieder hoch hergeht und Sie nur noch genervt sind, wenn Sie furchtbar aufgeregt sind, wenn Sie sich ärgern, zu viel grübeln ... Dort finden Sie auch Anregungen, wo Achtsamkeit überall im Alltag praktiziert und geübt werden kann: beim Kochen, unter der Dusche, auf dem Weg zur Arbeit ...

Lassen Sie uns aber zunächst wie angekündigt klären, was unter »Achtsamkeit« eigentlich zu verstehen ist.

»Wenn
der Mensch
zur Ruhe
gekommen ist,
dann wirkt er.«

Francesco
Petrarca

2. Was meine ich mit »Achtsamkeit«?

Achtsamkeit ist im Grunde einfach. Sie ist leicht zu verstehen, und wir alle können sie leicht im Inneren entstehen lassen. Jeder Mensch erlebt auch ohne irgendeine Form von Übung immer wieder Momente der Achtsamkeit in seinem Leben: wenn er zufrieden ist mit sich und der Welt, sich mit voller Aufmerksamkeit auf das Jetzt fokussiert, voll von innerer Ruhe und Klarheit.

Unter »Achtsamkeit« verstehe ich die bewusste Lenkung der Aufmerksamkeit auf den jeweils aktuellen Moment. Das »Ganz-im-Hier-und-Jetzt-Sein«. Achtsamkeit bedeutet für mich, alles, uns selbst und unsere Umgebung, bewusst wahrzunehmen. Wer sich darum bemüht, ist automatisch in der Gegenwart und macht sich weder um die Vergangenheit noch um die Zukunft Sorgen.

Das Besondere: Diesen Moment, das Jetzt, gilt es gleichmütig zu beobachten, ohne ihn in die Kategorien »gut« oder »schlecht« einzuteilen. Es gilt, Dinge so anzuschauen, als sähen wir sie zum ersten Mal, unvoreingenommen und mit offenen Augen. Erst wenn wir lernen, diese Dinge nicht sofort in die Kategorie »für die Zukunft nützlich / schädlich« oder »schlechte / gute Erfahrung in der Vergangenheit damit gemacht« einzuordnen, sondern sie einfach nur wahrzunehmen, befinden wir uns im Augenblick – in der einzigen Zeit, in der wir leben können.

Und das ist die Essenz der Achtsamkeitspraxis: Sie entwickeln den Standpunkt des »inneren Beobachters«, der unvoreingenommen und wohlwollend in die Welt schaut und alles, was ihm begegnet, mit der

Haltung: »Es ist, wie es ist« wahrnimmt und akzeptiert. Wenn Sie Situationen akzeptieren, folgt daraus ganz automatisch die Fähigkeit, auch unter großem Druck ruhig zu bleiben, einen »klaren Kopf« zu behalten und sich zu beherrschen.

Damit öffnet uns Achtsamkeit die Tür zu einer grundsätzlich positiven Perspektive und wirkt gegen einen wesentlichen Stressfaktor: gegen unsere Tendenz, vieles um uns herum erst einmal negativ zu bewerten, und gegen die Grundüberzeugung, dass man gewiss bald auf ein Problem stößt, das die eigenen Fähigkeiten übersteigt.

Achtsamkeit ist ein übergeordneter Einflussfaktor: Ganz egal, was Sie tun – ob Sie eine Suppe essen, einen Bericht schreiben, über ein Problem nachdenken oder mit jemandem sprechen: Sie können es auf achtsame Weise tun. Dann wird die Suppe besser schmecken, der Bericht besser gelingen, das Problem leichter gelöst und das Gespräch erfolgreicher verlaufen.

Solange alles rundläuft und es uns gut geht, fällt es uns nicht schwer, den aktuellen Moment auszukosten und hin und wieder einfach nur zu »sein«. Aber in Krisenzeiten braucht es einiges an Übung, um auch dann noch voller Gelassenheit zu bleiben. Nur mit Übung können Sie Ihre natürliche Fähigkeit zur Achtsamkeit so vertiefen, ausbauen und aufrechterhalten, dass sie ihre Kraft auch in den schwierigen Phasen des Lebens entfaltet.

Zunächst geht es dabei erst einmal darum, zu erkennen, dass sich eine »Schlüsselsituation« anbahnt, in der Sie normalerweise Ihrer spontanen Reaktion nachgeben. Das kann eine Stresssituation sein, auf die Sie gerade zusteuern, oder eine Konfrontation, die sich nicht vermeiden

Was die Sonne mit Achtsamkeit zu tun hat

Was schauen Sie sich lieber an, einen Sonnenauf- oder einen Sonnenuntergang?

Ganz gleich, welches der beiden Naturschauspiele Sie bevorzugen, sie haben eines gemeinsam: Wenn wir dieses farbenprächtige Phänomen beobachten, kämen wir nie auf die Idee zu denken: »Also ein bisschen mehr lila sollte der Himmel schon sein. Und die Wolke da oben rechts stört das Gesamtbild. Außerdem ist es wirklich schade, dass die Sonne nicht noch viel mehr Rot hat.«

Nein, auf diese Idee kommt wohl niemand. Wir nehmen es einfach, wie es ist, versuchen nichts zu ändern, zu korrigieren oder zu verbessern. Wir schauen einfach nur und sind ganz da in diesem Moment, genießen den Moment.

Und genau das ist der Kern von Achtsamkeit: den Moment wahrnehmen, wie er ist. Punkt.

lässt. Wichtig ist, dass Sie merken: »Aha, jetzt könnte gleich der Gaul mit mir durchgehen«, dass Sie sich also fokussieren auf das, was passieren wird, bevor es passiert, und sich in der so entstandenen »Lücke« eine bewusste – angemessene – Reaktion überlegen.

Gut zu wissen

Stellen Sie sich die Frage: Was reizt mich? Was sind Reize, die mich dazu bringen, außer mich zu geraten? Wo sind die »Knöpfe«, bei denen ich zuverlässig hochgehe, sobald diese jemand drückt?

Außerdem geht es darum zu erkennen, wie es Ihnen zum jetzigen Zeitpunkt eigentlich geht. Ehrliche Selbstreflexion ist das Gegenteil von Ausweichen!

Wie steht es um Sie?

Niemand ist einfach entweder gesund oder krank. Ein Mensch kann mehr oder weniger gesund bzw. krank sein und bewegt sich mit seinem Befinden irgendwo auf einem Kontinuum zwischen den beiden maximalen Ausschlägen. Denken Sie beispielsweise an eine Erkältung: Sind Sie zu 100 Prozent krank, wenn Ihnen die Nase läuft?

Wo Sie sich gerade befinden, ist nur eine aktuelle Standortbestimmung, die sich nahezu täglich ändern kann. Sie selbst leisten einen entscheidenden Beitrag dazu, in welche Richtung die Reise geht. Wenn Sie Ihre Resilienzfaktoren stärken, bewegen Sie sich mehr aufwärts Richtung Gesundheit, wenn Sie Ihre Belastungsgrenzen ständig übergehen und sich selbst ausbeuten, geht es abwärts.

Die wesentliche Voraussetzung für seelische Gesundheit ist die Fähigkeit, die eigenen Emotionen auch in kritischen Situationen steuern und positiv beeinflussen zu können. Je höher der Stress ist, dem Sie ausgesetzt sind, und je länger er andauert, umso schwieriger wird Ihnen dies möglicherweise erscheinen. Genauso, wie es zu körperlichen Symptomen kommt, wenn jemand beispielsweise zu viele Marathonläufe in zu kurzer Zeit absolviert und dabei seine Gelenke kaputtgehen, kann es auch im seelischen Bereich zu Überlastungen kommen, die sich entweder in körperlichen Symptomen wie Herzinfarkt und Co. äußern – oder die Psyche eines Menschen verändern und letztlich in einer psychischen Erkrankung münden können. Dabei gilt: Zu 100 Prozent gesund ist man im Grunde nie, das Leben fordert seinen Tribut ...

Seien Sie ehrlich zu sich selbst: Wie geht es Ihnen zu diesem Zeitpunkt?

Der folgende Check, ehrlich beantwortet, erhebt zwar keinen Anspruch auf Vollständigkeit, kann Ihnen aber erste Anhaltspunkte liefern, wo Sie gerade stehen. (Einen ausführlichen Resilienz-Selbstcheck finden Sie in meinem Buch »Die Bambusstrategie. Wie Sie den täglichen Druck mit Resilienz meistern«.)

Die Fragen sind vier mehr oder weniger drastischen »Zuständen« zugeordnet:

◊ Vom vergleichsweise milden »Zitter-Ich«
◊ über die schon spürbar drastischere »Angie, die Angst«
◊ zur noch fortgeschritteneren Stressreaktion »Resi, die Resignation«, die dann schon sehr deutlich auf einen Handlungsbedarf hinweist, wenn Sie vermeiden wollen, dass Ihnen
◊ »Börni, der Burn-out« erschöpft winkend auf die Pelle rückt.

Das Zitter-Ich

Der »Zitter-Ich«-Zustand ist relativ harmlos, kommt in jedem von uns gelegentlich vor und verschwindet mit ein wenig Ruhe und Abstand, ein paar Erfolgserlebnissen und Sich-etwas-Gutes-Tun auch wieder. Im Zitter-Ich-Zustand sind wir seelisch zwar etwas angeschlagen, aber handlungsfähig. Nach einer Niederlage oder einem Schicksalsschlag ist es völlig normal, dass wir uns mehr oder weniger lang »down« fühlen und dem Zitter-Ich Tür und Tor öffnen. Auch wenn man sich von seiner Arbeit wenig erfüllt fühlt, in Stresszeiten öfter seine Bedürfnisse nach Pause, nach Schlaf oder nach Spiel und Spaß übergeht, raubt uns das Energie und Kraft und bereitet dem Zitter-Ich den Boden. Wenn Sie dann noch dazu neigen, sich ständig mit anderen zu vergleichen, und dabei das Gefühl bekommen, dass alle anderen die Dinge besser im Griff hätten als Sie, macht das unzufrieden und schwächt Ihre Widerstandskraft. Kommt dann noch beispielsweise eine ordentliche Dosis Perfektionismus dazu, beginnt unser Ich endgültig zu zittern und wir werden einige der folgenden Fragen mit »Ja« beantworten müssen.

Welche der folgenden Stresssymptome lassen Ihr Ich zittern?			
1.	Stehen Sie unter Strom selbst nach Feierabend und sind unruhig, ohne genau zu wissen, warum?	Ja ☐	Nein ☐
2.	Trinken Sie mehr Alkohol als sonst, um abzuschalten?	Ja ☐	Nein ☐
3.	Reagieren Sie gereizt und aggressiv, wenn etwas nicht so läuft wie geplant?	Ja ☐	Nein ☐
4.	Trösten Sie sich derzeit oft mit Süßigkeiten und Fast Food?	Ja ☐	Nein ☐
5.	Brechen Sie leicht in Tränen aus oder fühlen sich schnell gekränkt?	Ja ☐	Nein ☐
6.	Gehen Ihnen zurzeit öfter aggressive Gedanken und Vorstellungen durch den Kopf, die sich gegen andere richten?	Ja ☐	Nein ☐
7.	Ziehen Sie sich von Freunden zurück und haben Sie keine Lust mehr auf gesellige Treffen?	Ja ☐	Nein ☐
8.	Vergessen oder verlegen Sie im Augenblick öfter wichtige Dinge?	Ja ☐	Nein ☐
9.	Knirschen Sie nachts manchmal mit den Zähnen?	Ja ☐	Nein ☐
10.	Sind Sie tagsüber oft müde und erschöpft, obwohl Sie ausreichend Schlaf hatten?	Ja ☐	Nein ☐

11.	Tun Sie sich momentan schwer, Entscheidungen zu treffen?	Ja ☐	Nein ☐
12.	Sind Sie gerade anfälliger für Infektionen wie beispielsweise Erkältungen?	Ja ☐	Nein ☐
13.	Trinken Sie mehr Kaffee und rauchen mehr als normalerweise?	Ja ☐	Nein ☐
14.	Leiden Sie häufiger als früher unter Kopfschmerzen, Magenproblemen oder Herzklopfen?	Ja ☐	Nein ☐
15.	Strengen Sie sich mehr an als früher und trotzdem gelingt Ihnen weniger?	Ja ☐	Nein ☐

Vom diffusen »Ich bin nicht gut drauf« im Zitter-Ich-Zustand zum »Ich kann nicht mehr«, wenn Börni, der Burn-out Ihnen schon zuwinkt, ist es manchmal nur ein kurzer Weg. Und gerade diejenigen, die sich nie vorstellen konnten, dass sie sich einmal so fertig fühlen könnten, dass sie nicht einmal mehr aus dem Bett aussteigen wollen, neigen fatalerweise dazu, ihre inneren Akkus so tief zu entladen, dass dann gar nichts mehr geht. Ich hatte schon Menschen im Coaching, die in der akuten Phase ihres Burn-outs nicht einmal mehr in der Lage waren, sich am Telefon mit ihrem Namen zu melden. Und genau die dachten lange Zeit: »Das kann mir doch nicht passieren. Ich habe eine Konstitution wie ein Pferd.« Nehmen Sie also bitte auch das Zitter-Ich ernst und sehen Sie jedes »Ja« als Warnsignal.

Angie, die Angst

»Angie, die Angst« ist schon deutlich unangenehmer und möchte etwas aufwendiger »beachtet« werden, damit sie wieder verschwindet. Angst ist ein normales Gefühl, das dafür gemacht ist, uns vor Gefahren zu schützen. Zur Krankheit wird Angst dann, wenn sie dauerhaft unser Leben beeinträchtigt und uns dazu bringt, immer mehr Dinge zu vermeiden, die wir eigentlich gerne tun würden. Meist geht es dabei um diffuse Ängste, die sich nicht auf einen bestimmten Auslöser zurückführen lassen. 80 Prozent aller Führungskräfte leiden darunter!

Angst gibt es in unterschiedlicher Ausprägung von leichter Unsicherheit bis zur Panikattacke. Bei einer Panikattacke kommt es plötzlich zu Herzrasen, Schwindel, Atemnot, verschwommenem Sehen usw., ohne dass dafür eine körperliche Ursache gefunden werden könnte und meist ohne erkennbaren Auslöser. Andauernde Angst erzeugt Stress, der uns blockiert, falsche Entscheidungen treffen lässt, damit die Angst wie in einem Teufelskreis verstärkt und schließlich zur vollständigen Erschöpfung führt.

Machen Sie sich in der Regel Sorgen oder bekommen Sie Angst ...			
1.	... bei Veränderungen im Job und im Leben?	Ja ☐	Nein ☐
2.	... wenn Sie etwas nicht ändern können und einfach hinnehmen müssen?	Ja ☐	Nein ☐
3.	... bei der Vorstellung, dass das Arbeitspensum so bleibt oder noch steigt?	Ja ☐	Nein ☐
4.	... bei der Vorstellung, dass Sie das, was Sie jetzt tun, bis ans Ende Ihrer Tage tun werden?	Ja ☐	Nein ☐
5.	... wenn Sie an das bevorstehende Gespräch mit einem Mitarbeiter, Vorgesetzten, Kollegen, Bekannten denken?	Ja ☐	Nein ☐
6.	... beim Gedanken daran, sich jemandem anvertrauen zu sollen?	Ja ☐	Nein ☐
7.	... wenn Sie jemandem etwas abschlagen und »Nein« zu einem Auftrag sagen wollen?	Ja ☐	Nein ☐
8.	... davor, zu versagen oder die in Sie gesetzten Erwartungen nicht erfüllen zu können?	Ja ☐	Nein ☐
9.	... davor, nicht akzeptiert oder anerkannt zu werden?	Ja ☐	Nein ☐
10.	... davor, die gestellten Aufgaben nicht mehr bewältigen zu können?	Ja ☐	Nein ☐
11.	... davor, zu erkranken?	Ja ☐	Nein ☐

12.	... davor, aus Ihrer Position gedrängt zu werden?	Ja ☐	Nein ☐
13.	Haben Sie häufiger das Gefühl, gleich in Ohnmacht zu fallen?	Ja ☐	Nein ☐
14.	Bleibt Ihnen öfter die Luft weg?	Ja ☐	Nein ☐
15.	Haben Sie oft Katastrophenfantasien?	Ja ☐	Nein ☐

Resi, die Resignation

Resignation geht auf das Grundgefühl, hilflos und ohnmächtig zu sein, zurück. Wer beispielsweise mehrere Personalabbau-Wellen erlebt hat, von denen jede einzelne als die letzte angekündigt wurde, wer immer wieder ohne Ergebnis alles gegeben hat, um sich für den darauffolgenden Neuanfang zu engagieren, wer seine Energie lange Zeit in immer neue Projekte gesteckt hat, die alle unabgeschlossen irgendwie im Sande verlaufen sind, weil schon das übernächste Projekt mit A priorisiert wurde, der läuft Gefahr, abzustumpfen und zu resignieren.

Wer dauerhaft das Gefühl hat, trotz aller Anstrengungen nichts bewirken zu können, der wird früher oder später keine Energie mehr mobilisieren können und aufgeben. Das hat dramatische Auswirkungen auf Wohlbefinden und Verhalten: Es lässt jede Initiative erlahmen und macht depressiv. Resignation ist also ein weiterer Pflasterstein auf dem Weg zum Schreckgespenst Burn-out.

Haben Sie aktuell »Besuch« von Resi?			
1.	Kommt Ihnen alles sinnlos vor?	Ja ☐	Nein ☐
2.	Haben Sie die Lebensfreude verloren?	Ja ☐	Nein ☐
3.	Fühlen Sie sich meistens hilflos und als Opfer der Umstände?	Ja ☐	Nein ☐
4.	Sind Sie oft sehr sarkastisch?	Ja ☐	Nein ☐
5.	Ziehen Sie sich stark aus Ihrem sozialen Umfeld zurück?	Ja ☐	Nein ☐
6.	Fühlen Sie sich innerlich einsam und isoliert, selbst wenn Sie unter Leuten sind?	Ja ☐	Nein ☐
7.	Fühlen Sie sich zu erschöpft für Freizeitaktivitäten?	Ja ☐	Nein ☐
8.	Würden Sie die meiste Zeit am liebsten gar nichts machen?	Ja ☐	Nein ☐

9.	Sehen Sie sich als Versager, der nicht mit seinem Leben klarkommt?	Ja ☐	Nein ☐
10.	Greifen Sie oft zu Beruhigungs- / Schlafmitteln oder Psychopharmaka?	Ja ☐	Nein ☐
11.	Behalten Sie Ihre Sorgen lieber für sich, als mit anderen darüber zu sprechen?	Ja ☐	Nein ☐
12.	Vernachlässigen Sie schon längere Zeit Ihre Freunde und / oder Ihre Hobbys?	Ja ☐	Nein ☐
13.	Haben Sie das Gefühl, ein Opfer statt Herr der Lage zu sein?	Ja ☐	Nein ☐
14.	Werden Sie von Freunden oder Ihrer Partnerin / Ihrem Partner besorgt auf Ihren Zustand angesprochen?	Ja ☐	Nein ☐
15.	Vernachlässigen Sie Ihr Äußeres?	Ja ☐	Nein ☐

Börni, der Burn-out

Einen Burn-out kann jeder bekommen, besonders oft engagierte, leistungsfähige und zielorientierte Menschen, wie beispielsweise Führungskräfte. Vor allem 40- bis 60-jährige, beruflich erfolgreiche Personen sind betroffen.

Da sich diese Erkrankung zu Beginn oft eher durch überschießende Aktivität äußert, bleibt das mahnende Winken von »Börni, dem Burn-out« typischerweise häufig unbemerkt. Die Betroffenen sprühen zunächst noch vor Ideen, leisten freiwillig Mehrarbeit, machen sich unentbehrlich und sind ständig im »Muss nur noch kurz die Welt retten«-Modus unterwegs. Dass hier bereits der Beginn der Erkrankung liegt, erkennen Burn-out-Patienten oft erst im Rückblick während der Therapie.

Eigene Bedürfnisse und Kontakte zu Bekannten, Freunden, später auch zu den engsten Verwandten und Partnern bleiben auf der Strecke. Nach der anfänglichen Zeit des hochdrehenden Aktionismus kommen dann phasenweise Müdigkeit und ein schlappes Gefühl dazu. Manchmal dauern diese matten Phasen nur eine Woche, nach der es den Betroffenen schon wieder besser geht. Dann verfallen viele gleich wieder in einen Aktivitätsrausch, bis sie sich am Ende der Abwärtsspirale schließlich innerlich vollkommen leer fühlen. Symptome und Verlauf der Erkrankung sind sehr unterschiedlich und hängen sehr von der Persönlichkeit und dem individuellen Umfeld der Betroffenen ab. Der Übergang von den vorherigen Zuständen zu einem Burn-out ist fließend und es gibt neben Stress zahlreiche Ursachen, die zu einer totalen Erschöpfung führen können: Depressionen, Angststörungen, Schilddrüsenunterfunktion, Leberfunktionsstörungen, Probleme mit Herz und Kreislauf oder beispielsweise auch Krebs. Wenn Sie sich ausgebrannt fühlen, sollten Sie sich also in jedem Fall fachärztlich untersuchen lassen.

Die von Betroffenen gern gewählten Versuche, sich selbst zu therapieren – beispielsweise mit Alkohol und Drogen –, machen die Sache nur schlimmer.

Glühen Sie noch oder mutieren Sie schon zum Aschehaufen?			
1.	Kommen Ihnen oft die Tränen in Situationen, die Sie sonst gelassen weggesteckt haben?	Ja ☐	Nein ☐
2.	Drehen sich Ihre Gedanken im Kreis und lassen sich weder sortieren noch stoppen?	Ja ☐	Nein ☐
3.	Finden Sie häufig Worte, die Ihnen eigentlich geläufig sind, nicht wieder (Wortfindungsstörungen)?	Ja ☐	Nein ☐
4.	Haben Sie ständig Schlafstörungen?	Ja ☐	Nein ☐
5.	Sind Sie dauernd gereizt?	Ja ☐	Nein ☐

6.	Stehen Sie ständig unter Spannung, sind unruhig und fühlen sich wie ein gehetztes Reh?	Ja ☐	Nein ☐
7.	Häufen sich in den letzten Monaten körperliche Beschwerden wie Rücken-, Kopf- oder Gelenkschmerzen?	Ja ☐	Nein ☐
8.	Beobachten Sie an sich unwillkürliche Tics wie ständiges Kratzen, Räuspern o. Ä.?	Ja ☐	Nein ☐
9.	Können Sie sich auf nichts mehr konzentrieren?	Ja ☐	Nein ☐
10.	Haben Sie häufig gedankliche Ausfälle (Blackouts)?	Ja ☐	Nein ☐
11.	Haben Sie andauernde Verdauungsbeschwerden?	Ja ☐	Nein ☐
12.	Leiden Sie unter starkem Bluthochdruck?	Ja ☐	Nein ☐
13.	Haben Sie häufige Stimmungsschwankungen von »himmelhochjauchzend« zu »zu Tode betrübt« in schnellem Wechsel?	Ja ☐	Nein ☐
14.	Denken Sie über Selbstmord nach?	Ja ☐	Nein ☐
15.	Können Sie nicht mehr auf »Krücken« wie Alkohol, Beruhigungsmittel oder Wachmacher verzichten?	Ja ☐	Nein ☐

Auswertung:

Nun haben Sie also mehr oder weniger oft »Ja« angekreuzt. Hoffentlich weniger oft bei Resi und Börni. Je mehr »Jas« Sie vor allem in diesen drastischeren Bereichen haben, umso deutlicher der Hinweis, dass Sie noch ein gutes Stück besser auf sich achtgeben sollten und dass dieses Buch Ihnen nützlich sein wird.

Wie viele »Jas« es auch immer sein mögen, die gute Nachricht ist: Wie auch immer Sie sich gerade fühlen, die Steuerfähigkeit über die Anteile in Ihnen, die gerade »verrückt« spielen, lässt sich zurückgewinnen.

Dabei ist es hilfreich, die Symptome als Feedback und Hinweis auf Bedürfnisse, die nicht erfüllt werden, zu nehmen. Sie haben wie jeder Mensch alle Kompetenzen, die Sie brauchen, um auch mit den allerübelsten Herausforderungen klarzukommen. Es kann zwar sein, dass Sie aktuell keinen Zugriff auf diese Kompetenzen haben, aber sie lassen sich wieder aktivieren und erweitern.

Dieses Bündel an Kompetenzen, die Resilienz ist in Ihnen angelegt, wie in jedem von uns. Wenn dies nicht so wäre, hätten Sie es gar nicht bis hier und heute geschafft und würden jetzt nicht in diesem Buch lesen. Denn sicher haben Sie schon den einen oder anderen Sturm überlebt!

Der Mensch wächst mit seinen Aufgaben. Resilienz auch. Und je resilienter Sie sind, desto weniger kann Ihnen Stress etwas anhaben. Gleichgültig wie die Bedingungen sind: Resilienz befähigt Sie, damit umzugehen.

Was kann Achtsamkeit?

Achtsamkeit unterstützt Sie dabei, den Alltag nicht nur zu meistern, sondern dabei auch noch voller Lebensfreude zu sein. Die Forschungsergebnisse sind beeindruckend: Direkt nach den ersten Übungen fühlen sich Praktizierende besser und schon ab einer Übungszeit von nur acht Wochen lassen sich wissenschaftlich belegbare Effekte nachweisen!

Kennen Sie eine andere Methode, die so schnell und einfach solch eindrucksvolle Wirkungen zeigt?

Achtsamkeit:

◇ reduziert Symptome und Beschwerden (z. B. Stress, Schmerzen, Erschöpfung, Leid, Ängste),

◇ erleichtert Selbstbeherrschung und Impulskontrolle,

◇ optimiert die Funktion des Immunsystems,

◇ verbessert die Stimmung,

◇ fördert kognitive Fähigkeiten wie beispielsweise Konzentration, Wahrnehmung, Gefühlsregulation, rationale Entscheidungen und Kommunikation,

◇ fördert gesunden Schlaf und hilft bei Ein- und Durchschlafschwierigkeiten,

◇ fördert die Fähigkeit zur inneren Zufriedenheit und dem Empfinden von Glück,

◇ fördert die Fähigkeit zur Empathie und zur fürsorglichen Interaktion mit Mitarbeitern, Patienten, Kindern,

◇ verbessert die Lebensqualität bei schweren Erkrankungen wie z. B. Krebs,

◇ reduziert die Aktivität von Genen und die Menge an bestimmten Eiweißstoffen, die bei entzündlichen Reaktionen und der Entstehung von Herzkrankheiten beteiligt sind,

◇ vermindert das Gefühl von Einsamkeit nach Verlust eines geliebten Menschen nach Tod oder Trennung,

◇ wirkt wie natürliches Anti-Aging: reduziert den altersbedingten Schwund der grauen Substanz im Gehirn, erhält die kognitive Leistungsfähigkeit im Alter und reguliert den Blutdruck,

◊ steigert Gesundheit, Wohlbefinden, Energie und Lebensfreude und

◊ es fällt Ihnen leichter, sich in jeder Lebenslage zu entspannen.

◊ Ihr Selbstvertrauen steigt.

Geben Sie der Achtsamkeitspraxis eine Chance! Sie müssen nicht täglich stundenlang meditieren, um von der fantastischen Wirkung der
Achtsamkeitspraxis zu profitieren!

»Was ohne
Ruhepausen
geschieht, ist nicht
von Dauer.«
Ovid

3. Einstieg in die Achtsamkeitspraxis

Sicher haben Sie schon davon gehört, dass Meditation und Achtsamkeit eine gute Sache sein sollen. Und vielleicht haben Sie sich auch schon einmal vorgenommen, es damit zu versuchen, oder sogar schon Erfahrungen damit gesammelt. Möglicherweise haben Sie auch erst, nachdem Sie jetzt von den zahlreichen positiven Effekten gelesen haben, so richtig Lust dazu bekommen?

Vielleicht gehören Sie trotz allem auch zu den Leuten, die zwar neugierig auf die Achtsamkeit sind, sich insgeheim aber sagen: »Nee, das ist doch eigentlich nichts für mich. Es ist mir zu langweilig, ich bin dafür zu unruhig, ich hab zu viel Stress, ich hab dafür keine Zeit. Es gibt mir einfach nichts, mich hinzusetzen, um ›Ommm‹ zu machen.« Oder Sie haben schon mit verschiedenen Formen der Achtsamkeitspraxis experimentiert, schaffen es aber nicht, am Ball zu bleiben. Möglich auch, dass Sie versucht haben, irgendwo gelesene Übungen auf eigene Faust auszuprobieren – dabei sind dann aber schnell Fragen aufgetaucht, die Sie nicht klären konnten, und das hat Ihre anfängliche Motivation ausgebremst.

Bevor es also losgeht, hier:

10 Tipps, damit Ihre ersten Übungen zum Thema »Achtsamkeit« gelingen

1. Motivieren Sie sich

Machen Sie sich klar, was Sie am Thema Achtsamkeit reizt. Was wird Sie über tote Punkte hinweg weitermachen lassen? Warum ist es Ihnen wichtig, sich in Achtsamkeit zu üben? Welcher der beschriebenen Effekte hat Sie besonders angesprochen? Welches Argument hat Sie letztlich überzeugt?

By the way – hier noch zwei Motivationsgoodies: Untersuchungen der Harvard Business School kamen zu dem Ergebnis, dass Meditation und Intuition die beiden wichtigsten Werkzeuge für Führungskräfte im 21. Jahrhundert sind. Und: Wir erhalten durch Meditationspraxis auch Zugang zu den Quellen unserer Kreativität. Wir lernen, Altes los- und Neues zuzulassen, die fundamentale Basis für Innovationen. Sie sind also definitiv kein Spinner, wenn Sie es damit versuchen ...

2. Schließen Sie die Außenwelt aus

Gerade wenn Sie Neuling im Feld der Achtsamkeit sind, ist es zu Beginn hilfreich, wenn Sie erst einmal eine Basis für die Achtsamkeitspraxis im Alltag schaffen. Diese entsteht erfahrungsgemäß am leichtesten im Sitzen mit geschlossenen Augen unter weitgehendem Ausschluss von Außenreizen. Schon bald können Sie auch mitten im Leben meditieren, beispielsweise im Zug, an der Bushaltestelle, in der Schlange im Supermarkt. Nur bitte nicht im Auto, wenn Sie selbst fahren!

Mit ein wenig klassischer Meditationserfahrung wird es Ihnen außerdem zunehmend leichter fallen, jede Art von Handlung als meditative Übung zu gestalten und Achtsamkeitsübungen selbst im turbulenten Arbeitsalltag durchzuführen. Wenn Sie absolut keine Zeit für die Sitzmeditation finden, werden Sie wahrscheinlich nicht so schnell motivierende Erfahrungen machen, als wenn Sie regelmäßig meditieren würden. Aber das ist nicht dramatisch: Sie finden sicher im Alltag Gelegenheiten dafür, beispielsweise, wenn Sie irgendwo warten müssen, oder bei Alltagshandlungen wie Kochen, Essen, Treppensteigen oder Ähnlichem.

Am besten kommen Sie voran, wenn Sie formelle Sitzmeditation mit Achtsamkeitsübungen bei alltäglichen Handlungen kombinieren. Auf diese Weise entwickeln und vertiefen sich die positiven Qualitäten von Meditation und Achtsamkeitspraxis am schnellsten und können so schon bald im täglichen Leben verwirklicht werden.

3. Suchen Sie sich einen Wohlfühlort

Wählen Sie zum Start eine ruhige Umgebung, in der Sie sich wohlfühlen. Wählen Sie einen Ort, der für Sie praktisch zu erreichen ist und der Sie nicht dazu zwingt, noch zusätzlichen Zeitaufwand zu betreiben, indem Sie dort erst einmal hinfahren müssen. Das kann beispielsweise einfach in Ihrem Zuhause sein. Ein geeigneter Ort sollte es Ihnen ermöglichen, zumindest in der Startphase Außenreize aller Art wie Telefonklingeln, Besuche, laute Geräusche und sonstige Störungen möglichst auszuschließen. Vermeiden Sie direkte Sonneneinstrahlung, das lenkt ab, und im Verlauf der Meditation kann es Ihnen schnell zu warm werden.

4. Behalten Sie zu Beginn den Wohlfühlort bei

Wenn Sie zu Beginn immer den gleichen Platz wählen, entwickelt sich in Ihrem Gehirn bald eine hilfreiche Verknüpfung: Meditationsplatz = meditativer Zustand. Schnell werden Sie bemerken, dass Sie sich nur noch auf ebendiesen speziellen Platz setzen müssen, um unmittelbar in Meditationsstimmung zu kommen. Dieser Effekt der Gewohnheitsbildung unterstützt Sie zu Beginn Ihrer Meditationspraxis sehr. In der Übergangsphase genügt es später schon, sich diesen speziellen Platz nur vorzustellen, um in Stimmung zu kommen, auch wenn Sie an ungewohnten Plätzen meditieren wollen. Und schon bald werden Sie sich auch mitten im größten Trubel mit sich selbst verbinden können – sogar mit geöffneten Augen.

5. Nehmen Sie eine bequeme Haltung ein

Die meisten Menschen stellen sich vor, der sogenannte Lotussitz mit ineinander verschränkten Beinen wäre notwendig oder besonders förderlich, um gut meditieren zu können. Das ist Quatsch! Eher das Gegenteil ist der Fall, es sei denn, Sie wären ein gut trainierter Yogi, der null Problem damit hat, auf diese für uns »Normalos« ungewöhnliche Weise zu sitzen, und das lange ohne Verspannungen oder Schmerzen aushält.

Im Fachhandel oder im Internet gibt es zur Erleichterung der klassischen Meditationspositionen zahlreiche Hilfsmittel wie Meditationsbänkchen, Kissen und Matten. Sie sind natürlich sehr nützlich, aber allesamt nicht zwingend notwendig. Wenn Sie bereit sind, Zeit und Geld zu investieren, um sich in bewährten Meditationshaltungen zu üben, empfehle ich Ihnen, diese vor dem Kauf auszuprobieren. Es ist individuell sehr unterschiedlich, mit welcher Meditationsbankhöhe oder Kissenart man am besten zurechtkommt.

Grundsätzlich genügt aber ein Stuhl, der Ihnen eine stabile Sitzhaltung mit aufgerichtetem Oberkörper ermöglicht, in der Sie sich entspannen können. Wählen Sie eine Sitzposition, in der Sie keine weitere Aufmerksamkeit auf Ihre Balance verwenden müssen. Idealerweise lehnen Sie sich nicht mit dem Rücken an. Wenn Sie allerdings sonst Rückenschmerzen bekommen, ist die Anlehnung erlaubt. Damit Sie auch eine längere Zeit gut sitzen, sollte die Sitzfläche eine Höhe haben, bei der Ihre gesamte Fußsohle bequem Kontakt am Boden findet und die Ober- und Unterschenkel einen rechten Winkel bilden. Die Knie sollten gut zwei Handbreit voneinander entfernt sein, die Hände können Sie entweder auf den Oberschenkeln ablegen oder vor dem Bauch ineinanderlegen. Armlehnen sind bequem, aber nicht überall vorhanden. Es ist deshalb praktischer, wenn Sie auch ohne auskommen.

Meditationsfetischisten mögen mir verzeihen, aber ich meditiere beispielsweise gerne auf dem Sofa quer, angelehnt an die Seitenlehne mit ausgestreckten Beinen, weil mir alles andere auf die Dauer einfach zu unbequem ist. Grundsätzlich können Sie in jeder Haltung meditieren: im Stehen, Gehen, Knien, Liegen und Sitzen, und ich empfehle Ihnen, jede Position einmal auszuprobieren und damit eigene Erfahrungen zu sammeln. Wer viel sitzt, findet es möglicherweise ganz angenehm, einmal zu stehen.

Die stehende Haltung erfordert allerdings deutlich mehr Muskelarbeit und Koordination, um auf Dauer das Gleichgewicht zu erhalten. Aber für einige Minuten ist diese Haltung prima, beispielsweise, um in einer

Schlange im Supermarkt zu meditieren oder beim Warten vor der Mikrowelle, bis diese »Piep« macht und das Essen fertig ist. Beides mache ich ziemlich häufig, weil es mich keine zusätzliche Zeit kostet ...

Liegen bietet sich vor dem Schlafengehen an, birgt allerdings das beschriebene Risiko, dabei einzuschlafen. Wenn jedoch genau dies das Ziel ist, nämlich entspannt in einen guten Schlaf hinüberzugleiten – na perfekt! Wenn Sie aber ernsthaft üben möchten, zu entspannen und dabei geistig präsent zu bleiben, empfiehlt sich die liegende Position nur dann, wenn Sie dabei einer gesprochenen Anleitung auf CD folgen, die Sie durch die Übung führt. Sonst wird es Ihnen ziemlich schwerfallen, bei der Sache zu bleiben.

6. Zwingen Sie sich zu nichts

In den allermeisten Anleitungen wird eine regungslose Position gefordert. Am Anfang gilt: Können vor Lachen!

Es ist normal, dass Sie erst einmal diverse Haltungen ausprobieren müssen und sich auch dann diverse Male »zurechtruckeln« müssen, bis es Ihnen schließlich gelingt, tatsächlich regungslos zu meditieren. Auch werden Sie anfangs das dringende Bedürfnis haben, eine Fliege zu verscheuchen, wenn sie Ihnen zu nahekommt, sich zu kratzen oder Schweiß abzuwischen und so weiter. Das ist vollkommen in Ordnung! Verderben Sie sich nicht die Motivation und den Spaß, indem Sie es gleich zu genau nehmen. Es wird Ihnen nach und nach immer leichter fallen, sich nur noch auf die Meditation zu konzentrieren und störende Außenreize einfach auszublenden.

Auf dem Weg dahin zwingen Sie sich bitte nicht, in einer unbequemen Position zu verharren. Verändern Sie Ihre Haltung, unterpolstern Sie schmerzende Druckpunkte oder machen Sie notfalls einen Moment Pause, in der Sie sich kurz lockern. All diese körperlichen Bewegungen lenken natürlich von der meditativen Konzentration ab und können die gewonnene Sammlung und innere Ruhe beeinträchtigen. Aus meiner Sicht unterbricht das Verändern der Haltung allerdings die Meditation auch nicht mehr, als wenn Sie sich mit Schmerzen plagen. Um die Sammlung trotzdem zu erhalten, können Sie alle Bewegungen so achtsam wie möglich, also langsam und bewusst ausführen. Sie können auch – wie in der Zen-Praxis üblich – Sitz- und Gehmeditation kombinieren, um Verspannungen vorzubeugen. Gehen wird dadurch zur Meditationstechnik, dass Sie den automatisierten Laufprozess bewusst ausführen. Gehen Sie dabei so langsam, dass Sie den gesamten Vorgang wahrnehmen können: wie Sie Ihr Gewicht dabei verlagern, mit welchem Teil des Fußes Sie zuerst am Boden ankommen, wie sich der Kontakt mit dem Boden anfühlt, wo im Körper Sie die Muskelarbeit dabei spüren können.

7. Suchen Sie sich Ihren persönlichen Meditations-Zeitpunkt

Häufig ist zu lesen, dass Meditation am frühen Morgen am besten funktioniert. Auch die Abendstunden direkt vor dem Schlafengehen werden gerne als besonders geeignet empfohlen. Wichtig ist, dass Sie einen Zeitpunkt wählen, zu dem Sie in der Lage sind, sich zu konzentrieren, und an dem Sie wach und ausgeschlafen sind. Direkt nach dem Aufstehen am Morgen oder vor dem Einschlafen ist das Risiko recht groß, dass Sie statt zu meditieren nur dösen oder sogar einschlafen.

Aus dem gleichen Grund empfehle ich, nicht direkt nach dem Essen zu meditieren.

Gerade als Beginner sollten Sie für Ihre ersten Versuche ein Zeitfenster nutzen, an dem Sie nicht unter Zeitdruck stehen, beispielsweise nach Feierabend oder am Wochenende. Auf Alkohol oder Kaffee vor dem Meditieren verzichten Sie besser, es erschwert Ihnen die Konzentration, trübt Ihre Sinne, und die Unruhe, der Sie eigentlich entgegenwirken möchten, wird noch zusätzlich aufgeputscht.

8. Don't worry: Jede Minute bringt Sie weiter

Die notwendige Übungsdauer hängt vor allem von der von Ihnen gewünschten Wirkung und natürlich von der Ihnen zur Verfügung stehenden Zeit ab. Zeitknappheit ist wahrscheinlich eine der Herausforderungen Ihres Lebens. Don't worry! Eine entspannende Wirkung stellt sich schon bei den ersten Versuchen nach wenigen Minuten ein. Tiefgehende Veränderungen des Bewusstseins allerdings brauchen eine längere Zeit. In den meisten Traditionen liegt die typische Dauer einer Meditationssitzung bei 20 bis 30 Minuten, bis hin zu einer dreiviertel bis ganzen Stunde.

9. Wie oft Sie üben, entscheiden Sie!

Idealerweise üben Sie täglich. Gerade am Anfang muss sich erst einmal eine Gewohnheit herausbilden, genauso wie bei jeder neuen Tätigkeit, die zunächst einmal durch einen Vorsatz angestoßen werden muss – zum Beispiel beim Joggen. Aber: Wenn Ihnen das nicht gelingt, machen Sie sich klar, dass jede einzelne Minute, die Sie es schaffen, Achtsamkeitspraxis zu üben, einen wertvollen Effekt für Sie haben wird. Bitte denken Sie nicht: »Jetzt habe ich es sowieso schon wieder zwei Tage / zwei Wochen / zwei Monate nicht geschafft, jetzt ist es eh schon egal, dann lass ich es gleich ganz.« Einfach wieder einsteigen, jede Minute zählt! Sie werden auch auf diese Weise letztlich vorankommen.

Ich hätte mir auch nie vorstellen können, dass mir Joggen oder Meditieren einmal fehlen wird, wenn ich es nicht tue. Aber heute ist es nach diversen Startschwierigkeiten so. Auch wenn ich es nicht schaffe, wirklich täglich zu üben, ich möchte die Effekte auf mein Leben nicht missen!

Wenn Sie partout nicht ganz so regelmäßig üben wollen oder können und trotzdem in tiefere Erfahrungsbereiche vorstoßen möchten, dann empfiehlt es sich, am Wochenende oder im Urlaub mehrmals am Tag zu üben. Durch mehrfaches Üben während eines Tages kommen Sie von Mal zu Mal leichter und schneller in den Zustand meditativer Sammlung, weil der Effekt der vorherigen Sitzung noch in Ihnen nachwirkt und Sie dadurch beim jeweils darauffolgenden Versuch schon mit einem »vorgeklärten« Geist starten. Eine bessere Erholung gibt es nicht, das garantiere ich Ihnen!

10. Es gibt keine Kleiderordnung

Meditation funktioniert in jeder Kleidung, Sie brauchen dazu keine spezielle Ausrüstung. Bequem sollte sie sein, nicht einschnüren und Ihre Atmung nicht behindern. Wenn Sie an Ihrem persönlichen Meditationsplatz üben, ist es gut, die Schuhe auszuziehen. Wenn Sie dazu neigen, kalte Füße zu bekommen, wenn Sie ruhig sitzen, halten Sie ein paar warme Socken bereit. Wenn Sie nur kurz irgendwo im Alltag einige Minuten für die Meditation nutzen, haben Sie vielleicht aber die Möglichkeit, Ihren Gürtel etwas zu lockern. Wenn nicht, ist das eine gute Gelegenheit zu üben, die Dinge so zu nehmen, wie sie sind ...

Wie achtsam sind Sie eigentlich?

Als Einstieg in den Übungsteil finden Sie im Folgenden einen Test, mit dem Sie herausfinden, wie es um Ihre Achtsamkeit aktuell bestellt ist. Antworten Sie einfach mit Ja oder Nein. Wählen Sie »Ja«, wenn Sie *manchmal*, *oft* oder *immer* meinen, und »Nein«, wenn Sie *nie* oder *meistens nicht* meinen. Denken Sie dabei bitte an den zurückliegenden Monat und antworten Sie intuitiv, also aus dem Bauch heraus.

Wie achtsam sind Sie?			
1.	Ich fühle mich oft gehetzt und unter Zeitdruck, auch wenn es eigentlich keinen Grund dafür gibt.	Ja ☐	Nein ☐
2.	Ich werde oft hektisch, bin unruhig und angespannt, ohne dass sich dadurch etwas zum Besseren wenden würde.	Ja ☐	Nein ☐
3.	Ich kann meine aktuelle Situation nur schwer akzeptieren.	Ja ☐	Nein ☐
4.	Ich fühle mich von den Erwartungen anderer unter Druck gesetzt.	Ja ☐	Nein ☐
5.	Ich bin häufiger gereizt und unbeherrscht, als ich mir das wünsche.	Ja ☐	Nein ☐

6.	Ich denke oft an meine Zukunft und hoffe, dass sich dann einiges zum Positiven wendet.	Ja ☐	Nein ☐
7.	Ich habe manchmal das Gefühl, nur eine Rolle zu spielen und gar nicht ich selbst zu sein.	Ja ☐	Nein ☐
8.	Ich fühle mich wie im Hamsterrad und funktioniere einfach nur noch, mit dem Gefühl, keine andere Wahl zu haben.	Ja ☐	Nein ☐
9.	Unangenehmen Erfahrungen, Beschwerden und Schmerzen weiche ich eher aus und versuche sie zu verdrängen.	Ja ☐	Nein ☐
10.	Ich denke viel an die Vergangenheit und es fällt mir schwer, Erinnerungen loszulassen.	Ja ☐	Nein ☐
11.	Ich komme schwer zur Ruhe, weil ich häufig darüber nachdenke, was noch alles zu tun ist.	Ja ☐	Nein ☐
12.	Wenn es mir nicht gut geht, lenke ich mich mit eher sinnlosen Tätigkeiten ab (Fernsehen, Rauschmittel, exzessiver Sport ...)	Ja ☐	Nein ☐
13.	Mein Leben langweilt mich, aber ich sehe keine Alternativen.	Ja ☐	Nein ☐
14.	Ich schätze es, die Kontrolle über eine Situation zu haben, und will häufig gerne eingreifen, um etwas zu verändern. Es fällt mir schwer, die Dinge zu lassen, wie sie sind.	Ja ☐	Nein ☐
15.	Ich bin sehr selbstkritisch und gebe mir oft selbst die Schuld, wenn etwas schiefgelaufen ist.	Ja ☐	Nein ☐
16.	Ich fühle mich häufig unzulänglich und vom Rest der Welt ausgeschlossen.	Ja ☐	Nein ☐
17.	In harten Zeiten neige ich dazu, weniger fürsorglich mit mir umzugehen.	Ja ☐	Nein ☐

18.	In Zeiten, in denen es mir nicht gut geht, habe ich häufiger den Eindruck, dass viele Menschen wahrscheinlich glücklicher sind als ich.	Ja ☐	Nein ☐
19.	Wenn etwas Schmerzliches passiert, habe ich Angst, dass es nie vorübergehen wird.	Ja ☐	Nein ☐
20.	Es fällt mir schwer, mir meine Schwächen zu verzeihen.	Ja ☐	Nein ☐
21.	Wenn ich an mir Aspekte bemerke, die ich nicht mag, mache ich mich selbst »runter«.	Ja ☐	Nein ☐
22.	Wenn mir etwas Wichtiges misslingt, nehme ich mir das übel.	Ja ☐	Nein ☐
23.	Wenn mir alles zu viel wird, glaube ich, dass andere Menschen ihr Leben besser im Griff haben als ich.	Ja ☐	Nein ☐
24.	Wenn ich mich aufrege, habe ich meine Gefühle nicht mehr unter Kontrolle.	Ja ☐	Nein ☐
25.	Ich bin streng gegen mich selbst.	Ja ☐	Nein ☐

Auswertung:

Weniger als 5-mal »Ja«:

Es gelingt Ihnen schon sehr gut, achtsam durchs Leben zu gehen. Niemand ist zu hundert Prozent achtsam! Dennoch hätten Sie vermutlich diesen Test nicht ausgefüllt, wenn Sie nicht Interesse daran hätten, noch achtsamer mit sich und dem Alltag umzugehen. Mit Beginn der Achtsamkeitspraxis könnten Sie schnell noch mehr Leichtigkeit und Gelassenheit in Ihr Leben holen.

Mehr als 5-mal »Ja«:

Mehr Achtsamkeit und die damit einhergehenden Effekte wie beispielsweise innere Ausgeglichenheit, Zufriedenheit mit sich selbst und dem, was um Sie herum ist, würde Ihnen guttun. Steigern Sie mit regelmäßiger Achtsamkeitspraxis schrittweise den Anteil der Zeit, in der Sie ganz bei sich sind, um unabhängig von den jeweiligen Bedingungen Zufriedenheit, Gelassenheit und Lebensfreude zu erleben.

Mehr als 20-mal »Ja«:

Sie sind mit ziemlicher Sicherheit in einer akut herausfordernden Phase und es fällt Ihnen schwer, dieser Situation mit Achtsamkeit zu begegnen. Sie befinden sich überwiegend im »Tun« oder »Handeln« und weniger im »Sein«. Um nicht in einen anstrengenden Teufelskreis zu geraten, könnten Sie von regelmäßiger Achtsamkeitspraxis stark profitieren und Ihr Leben erleichtern.

»Die Kunst des Ausruhens ist ein Teil der Kunst des Arbeitens.«

John Steinbeck

4. Achtsamkeitsübungen

Jetzt sind Sie bestens vorbereitet, wissen, wann, wie lange, wo und in welcher Kleidung Sie am besten meditieren. Aber wie genau geht Meditation? Was ist konkret zu tun? Und was haben Sie davon?

Die 7 Kompetenzen

Während Sie Ihre Fähigkeit zur Achtsamkeit entwickeln, entwickeln Sie gleichzeitig fünf wichtige Grundhaltungen und sieben weitere wichtige Fähigkeiten, die »7 Kompetenzen«, wie ich sie nenne. Letztere unterteile ich in

◊ 4 Basis- und
◊ 3 Masterkompetenzen.

Zu jeder Basis- bzw. Masterkompetenz zeige ich Ihnen konkrete Übungen, die diese Kompetenzen schulen.

Sowohl die Kompetenzen als auch die dazugehörigen Übungen bauen aufeinander auf und sind bewusst in der gewählten Reihenfolge aneinandergereiht. Gleichzeitig befördern sie sich gegenseitig: Wenn Sie sich in einer Kompetenz üben, entwickeln Sie automatisch auch die anderen Kompetenzen weiter.

> **Gut zu wissen**
>
> ◊ Die meisten Übungen können bei Zeitknappheit und zum »Anchecken« in 5 Minuten durchlaufen werden. Wenn Sie dann Lust bekommen, mehr zu tun, ist es gut, die Zeit auf wenigstens 20 Minuten auszudehnen.
>
> ◊ Alle Übungen können Sie, nachdem Sie durch ein wenig Üben im Sitzen mit geschlossenen Augen ein solides Fundament gegossen haben, auch »to go«, also im Alltag oder am Arbeitsplatz mit offenen Augen, durchführen. Wie wäre es, wenn Sie Ihre Lieblingsübung gleich einmal im nächsten Meeting oder in der Warteschlange vor dem Postschalter ausprobieren?

Die 4 Basiskompetenzen

Basiskompetenz 1:
Die Aufmerksamkeit auf ein gewähltes Objekt halten

Hier geht es also um Ihre Fähigkeit, Ihre volle Aufmerksamkeit auf ein gewähltes Objekt zu lenken. Als »Übungsobjekt« wählen einige z. B. ein Bild, einen Satz oder eine Kerzenflamme. Ich persönlich bevorzuge es, mich dabei auf meinen eigenen Atem zu konzentrieren.

Für den Atem als Meditationsobjekt sprechen zahlreiche Argumente. Gleichmäßiges, vertieftes Atmen ist eine natürliche und effektive Entspannungsmethode und damit besonders geeignet, den Zustand innerer Ruhe herbeizuführen und Ihnen den Einstieg in die Meditationspraxis zu erleichtern. Vielen Menschen fällt es außerdem leichter, sich auf die Bewegungen und Empfindungen, die mit dem Atmen einhergehen, zu konzentrieren als auf ein statisches Objekt, bei dem aufgrund fehlender Dynamik die Aufmerksamkeit meist schneller abschweift.

Außerdem ist der Atem als Meditationsobjekt weltanschaulich neutral, jederzeit ohne Aufwand vorhanden und kostet nix :-).

Typischerweise schweifen Meditationsanfänger sehr bald mit ihrer Konzentration ab, ganz zu Anfang fällt ihnen das nicht einmal auf. Man denkt, man ist konzentriert, denkt aber im Hintergrund zeitgleich über etwas anderes nach. Beispielsweise darüber, wie konzentriert man doch gerade ist ... Sie wissen gleich, was ich meine, wenn Sie jetzt kurz einmal über folgende Fragen nachdenken: Wie lange haben Sie bis jetzt gelesen, ohne zwischendurch gedanklich abgelenkt zu sein? Waren es eher einige Zeilen, bei denen Sie ganz und gar auf die Worte konzentriert waren, oder einzelne Absätze oder ein ganzes Kapitel? Wie viel haben Sie sich von der letzten Seite gemerkt? Könnten Sie deren Inhalt jetzt noch wiedergeben? Über was denken Sie jetzt gerade nach, während Sie gleichzeitig lesen? So ähnlich wird es Ihnen auch bei den ersten Meditationsversuchen ergehen: Sie ertappen sich immer wieder dabei, dass Sie gedanklich unbemerkt oder doch zumindest unbeabsichtigt ganz woanders landen, als Sie ursprünglich vorhatten.

Probieren Sie es gleich einmal aus.

Basisübung 1:
Den Atem kennenlernen (Dauer 5 bis 20 Minuten)

Atem fühlen

Nehmen Sie eine meditative Haltung ein wie oben in den »Tipps« beschrieben. Schließen Sie die Augen, um die Wendung nach innen zu erleichtern. Registrieren Sie Ihren Atem und wie er natürlicherweise abläuft, ohne ihn bewusst zu steuern. Konzentrieren Sie sich darauf, wo Sie ihn zuerst fühlen: schon außerhalb der Nase, am Naseneingang? Konzentrieren Sie sich auf das Gefühl Ihres Atems beim Einströmen in Ihre Nasenlöcher: Wie weit können Sie ihn verfolgen? Bis in die Mitte der Naseninnenwände, bis ans Ende, bis in den Rachen hinein oder noch weiter? Wie fühlt sich der Atem an? Kühl oder eher warm? Bevorzugt Ihr Atem ein bestimmtes Nasenloch beim Einatmen? Das linke? Oder das rechte? Oder gleichmäßig durch beide? In welchem Nasenloch fühlen Sie Ihren Atem deutlicher? Wie ändert sich das eventuell beim Ausatmen?

Mit dem Atmen verbundene Körperbewegungen wahrnehmen

Versuchen Sie zu fühlen, auf welchem Weg Ihr Atem, nachdem er den Rachen passiert hat, weiter in Ihren Körper strömt und welche Bewegungen in Ihrem Körper durch die Atmung ausgelöst werden. Spüren Sie Bewegung in der Rippengegend oder eher im Bauch?

Drei Atemzüge an jeder Station

Nehmen Sie sich einige Minuten Zeit, um jeweils drei Atemzüge lang an jeder für Sie wahrnehmbaren »Station« nachzuspüren, wie sich Ihr Atem anfühlt: Drei Atemzüge lang richten Sie Ihre Aufmerksamkeit nur auf den Ort, wo Sie ihn beim Eintritt als Erstes spüren, dann wechseln Sie für drei Atemzüge mit Ihrer Aufmerksamkeit zu dem Ort, wo Sie den Atemstrom gerade noch so wahrnehmen können. Weitere drei Atemzüge lang fokussieren Sie Ihre Aufmerksamkeit auf das Gefühl in Ihrem Brustkorb beim Atmen und schließlich auf die Bewegung in Ihrem Bauch.

Fokus erweitern

Danach erweitern Sie den Fokus Ihrer Aufmerksamkeit und versuchen Ihren Atem an allen Stationen gleichzeitig wahrzunehmen.

Auf das Befinden achten

Beobachten Sie Ihren Atem weiter, als ob Sie einem Musikstück lauschen würden, und registrieren Sie, wie sich dabei Ihr Befinden ändert. Verbinden Sie sich mit Ihrem Atem und achten Sie darauf, wie der innere Gedankenstrom geruhsamer fließt und wie sich innere Ruhe im gleichmäßigen Rhythmus des Atems ausbreitet.

Wenn Sie diese Übung einige Male gemacht haben, werden Sie feststellen, dass es Ihnen immer leichter fällt, die Aufmerksamkeit zu erhalten, sich nicht ablenken zu lassen, und die folgenden beiden Basiskompetenzen entwickeln Sie gleichzeitig mit.

Basiskompetenz 2:
Empfindungen differenzierter wahrnehmen

Wir bekommen üblicherweise nicht allzu viel von dem mit, was in uns passiert. Erst wenn der Körper deutliche Signale sendet wie Hunger, Durst, Schmerzen, dringt dies in unser Bewusstsein. So manches Mal bekommen wir sogar diese Signale erst dann mit, wenn es sehr deutliche Empfindungen von hoher Dringlichkeit sind.

Diese Kompetenz hilft Ihnen dabei, Ihre Aufmerksamkeit stark zu bündeln und Ihre Wahrnehmung zu schärfen. Das ist so ähnlich, als ob Sie mithilfe einer Lupe Sonnenstrahlen und in deren Fokuspunkt so viel Energie bündeln, dass ein Feuerchen entsteht. Denn es fällt leichter, die Aufmerksamkeit zu halten und mehr Energie darin zu entwickeln, wenn Sie sich auf einen kleinen Fokus konzentrieren. Wenn Sie Ihre geballte Aufmerksamkeit beharrlich auf einen kleinen Bereich lenken, können Sie dort nach und nach Empfindungen wahrnehmen, die Sie vorher nicht spüren konnten. Dies schult Sie darin, die Welt um Sie herum ebenfalls differenzierter wahrzunehmen.

Wenn Sie also bisher beispielsweise nur wussten, dass Sie irgendwie nicht gut drauf sind, werden Sie bald wissen, was genau eigentlich mit Ihnen los ist. Und ganz nach dem Motto »Selbsterkenntnis ist der erste Schritt zur Besserung« können Sie dann gezielt in die »Ich bin gut drauf«-Richtung steuern.

Basisübung 2:
Atem im Dreieck (Dauer 5 bis 20 Minuten)

Fokus begrenzen
Nehmen Sie wieder Ihre meditative Haltung ein. Orten Sie mit Ihrer Aufmerksamkeit das Dreieck unterhalb der Nasenlöcher – oberhalb der Oberlippe – begrenzt durch die Nasolabialfalten, die links und rechts der Nasenflügel zu den Mundwinkeln verlaufen. Das Schließen der Augen unterstützt Ihre Konzentration.

Alles registrieren, was zu spüren ist
Beobachten Sie, was Sie in diesem kleinen Dreieck spüren können: nichts, warm, kühl, ein Prickeln, einen Schweißfilm, ein Jucken, was auch immer. Nehmen Sie einfach wahr, wie sich der Bereich innerhalb des Dreiecks anfühlt, und kehren Sie nach jeder Ablenkung mit Ihrer Aufmerksamkeit einfach immer wieder in dieses kleine Dreieck zurück.

Wahrnehmung schärfen
Versuchen Sie den feinen Atemhauch beim ganz normalen Ein- und Ausatmen im Bereich des Dreiecks zu fühlen. Lassen Sie sich mindes-

tens zehn Atemzüge dafür Zeit und haben Sie Geduld, wenn es Ihnen nicht gleich gelingt, den Atem in diesem Dreieck zu fühlen. Es ist absolut normal und okay, wenn es nicht auf Anhieb klappt. Wenn Sie auch nach zehn Atemzyklen nichts spüren, atmen Sie einige Atemzüge lang so tief und kräftig ein und aus, bis Sie den Atem in dem Dreieck fühlen können. Sobald Sie ihn auf diese Art gespürt haben, lassen Sie Ihren Atem wieder natürlich fließen. Geben Sie sich wieder einige Atemzyklen lang Zeit und überprüfen Sie, ob Sie jetzt den Atemstrom im Dreieck fühlen können.

Wenn es dieses Mal noch nicht geklappt hat, versuchen Sie es einfach irgendwann noch einmal. Solch feine körperliche Empfindungen bleiben oft im Hintergrund und müssen erst in den Vordergrund der bewussten Wahrnehmung geholt werden. Die wird Ihnen zweifelsfrei durch weiteres Praktizieren der Übung gelingen. Mit Sicherheit! Und es lohnt sich, denn die Fähigkeit, feine Körperempfindungen wahrnehmen zu können, ist nicht nur eine wesentliche Voraussetzung, um auch Emotionen zu bemerken und zu steuern, sondern erwiesenermaßen auch ein wichtiges Element zur Förderung der emotionalen Intelligenz und der Intuition.

Basiskompetenz 3:
Den Zustand innerer Ruhe herstellen

Wäre es nicht mehr als praktisch, innerhalb von fünf Minuten aus einem Zustand der Wut in einen Zustand zu kommen, in dem Sie eine E-Mail schreiben können, die beim Empfänger nicht wie eine Bombe einschlägt? Genau dazu werden Sie die hier vorgestellten Übungen befähigen!

Wie schon erwähnt, ist der Atem ein kostenloses, immer vorhandenes, natürliches und außerdem nebenwirkungsfreies Beruhigungsmittel. Und es besteht ein enger Zusammenhang zwischen Emotionen, Atmung und Herzfrequenz. Aufwühlende Emotionen wie beispielsweise Angst und Wut sind automatisch mit raschen, flachen Atemzügen und Herzklopfen bzw. »Herzrasen« verbunden. Auch wenn Sie sich unruhig, unter Druck, im Stress oder sonst wie ungut fühlen, sind sowohl Ihr Atem als auch Ihr Herz eher schneller unterwegs.

Vereinfacht in einer Formel ausgedrückt, stellt sich dieser Zusammenhang wie folgt dar:

aufwühlende Emotion = schneller Atem = schneller Herzschlag

Wenn Ihre Emotionen abflauen oder Sie sich ruhig und entspannt fühlen, werden automatisch auch Ihr Atem und Ihr Herzschlag langsamer. Also:

innere Ruhe = langsames Atmen = langsamer Herzschlag

Jetzt könnten Sie natürlich warten, bis sich Ihre Gemütswallungen von selbst beruhigen, was ja ganz ohne Ihr Zutun früher oder später der Fall sein wird. Aber wäre es nicht deutlich angenehmer, wenn Sie Ihren Geist quasi auf Kommando beruhigen könnten?

Die gute Nachricht: Das ist recht einfach. Warum? Weil wir unseren Atem willentlich beeinflussen und dazu nutzen können, uns schnell zu beruhigen.

Wie? Ihr Atem beeinflusst Ihre Herzfrequenz und damit Ihr Gefühl. Wenn Sie langsam atmen, drosseln Sie damit Ihren Herzschlag und beruhigen Ihren Gemütszustand. Das heißt, Sie müssen nicht warten, bis Sie sich von alleine beruhigen. Verlangsamen und vertiefen Sie stattdessen Ihren Atem, stellen Sie die Variablen der Formel um in:

langsames Atmen = langsamer Herzschlag = innere Ruhe

Probieren Sie die folgende Übung aus, die die Herstellung innerer Ruhe besonders fördert. Sie werden den Effekt auf Ihr Gefühl von innerer Ruhe bemerken, selbst wenn Sie gerade ruhig sind. Und es wird Ihnen durch Üben in einer Normalsituation leichter fallen, diese effektive Technik auch im Ernstfall anzuwenden. Nach meiner Erfahrung fällt es den meisten Menschen nach ein wenig Übung erstaunlich leicht, sich während eines aufwühlenden Gefühls daran zu erinnern, dass langsames Atmen hilft. In jedem Fall leichter, als sich einfach nur selbst gut zuzureden. Oder hat es Ihnen schon einmal geholfen, wenn Sie sich gesagt haben »Jetzt reg dich doch nicht so auf«? Sehen Sie …

Basisübung 3: Vollatmung

Natürliches Atemvolumen kennenlernen

Atmen Sie durch die Nase und beginnen Sie damit, Ihren natürlich fließenden Atem zu beobachten. Zählen Sie während des Einatmens von 1 an aufwärts, solange das Einatmen andauert. Dann zählen Sie im gleichen Tempo bei der Ausatmung mit. Wie lange ist die Einatmung im Vergleich zur Ausatmung? Bis zu welcher Zahl haben Sie beim Ein- und Ausatmen gezählt? Lassen Sie sich einige Atemzüge Zeit, um Ihr natürliches Atemvolumen zu ermitteln.

Atmung vertiefen

Atmen Sie jetzt langsam ein bis zu der Zahl, die Sie zuvor ermittelt haben, und dann langsam aus. In der letzten Phase des Ausatmens ziehen Sie erst den Bauchnabel in Richtung Wirbelsäule nach innen ein und dann den gesamten Bauch. Beobachten Sie, wie sich dadurch Ihr Atem vertieft. Bis wohin zählen Sie jetzt beim Ausatmen?

Atmen in Stationen

Atmen Sie nun während des Einatmens in vier Stationen: erstens in den Bauch, sodass sich die Bauchdecke hebt, zweitens in den Brustkorb, mit dem Gefühl, dass sich dieser weitet, drittens bis in die letzte Lungenspitze, sodass sich der Brustkorb hebt, so tief Sie können, ohne dass Sie in Luftnot geraten. Danach lassen Sie den Atem beim Ausatmen einfach ohne irgendeine Reihenfolge wieder durch die Nase entweichen und ziehen zum Abschluss wieder erst den Bauchnabel, dann den Bauch ein.

Atemstopp nach dem Einatmen

Nachdem Sie einige Atemzüge auf diese Weise tief geatmet haben, bauen Sie am Ende des Einatmens zusätzlich einen Atemstopp ein: Halten Sie die Luft so lange an, wie Sie können, und atmen erst danach wie zuvor aus.

Fokus auf Atemstille beim Ausatmen

Richten Sie Ihre Aufmerksamkeit auf den Moment der »Atemstille« nach dem Ausatmen und lassen Sie ihn zu, bis Ihr Körper wieder nach Einatmung verlangt. Halten Sie nach dem Einatmen nicht die Luft an, sondern wechseln Sie nahtlos zur Ausatmung über.

Ausatmen verlängern

Zählen Sie wieder beim Ein- und Ausatmen mit und versuchen Sie, mindestens eine Zahl länger aus- als einzuatmen. Also beispielsweise »1 – 2 – 3 – 4« einatmen, »1 – 2 – 3 – 4 – 5« ausatmen. Probieren Sie aus, wie weit Sie das Ausatmen im Vergleich zum Einatmen verlängern können.

▶ Varianten zu Basisübung 3

Um das Gefühl von Ruhe noch zu verstärken, können Sie nach Gusto folgende Varianten einbauen. Probieren Sie aus, was Ihnen am meisten liegt:

Duft: Unterstützen Sie die vertiefte Atmung durch einen für Sie angenehmen fantasierten oder realen Duft. Besorgen Sie sich ein Fläschchen mit einem beruhigenden ätherischen Öl, beispielsweise Lavendel, Jasmin, Sandelholz oder Weihrauch, und halten Sie sich während der Übung das Fläschchen unter die Nase oder verdampfen das Öl über eine Aromalampe. Das bewusste »Erschnüffeln« des Duftes erleichtert die tiefe Bauchatmung und entspannt zusätzlich durch die Wirkung der Öle. Wenn Sie Ihr Fläschchen bei sich tragen und in Stresssituationen daran riechen, kommen Sie später schon dadurch leicht zur Ruhe, selbst wenn Sie sonst nichts weiter unternehmen.

Gut zu wissen – Extratipp

Träufeln Sie ein wenig von Ihrem favorisierten Lieblingsduft zum Einschlafen auf Ihr Kopfkissen und führen die obige Übung im Liegen durch. Ich selbst verwende gern das Kopfkissenspray von Weleda »Sleep Therapie Lavendel«, das ich auf meinen zahlreichen Seminarreisen immer dabeihabe. Ich schätze sehr den Zusatzeffekt, dass ich mich dadurch in fremden Hotelzimmern sofort zu Hause fühle und besser schlafe, weil mich der Duft an mein eigenes Bett zu Hause erinnert. Sie sehen, ich arbeite mit allen Tricks :-). Vielleicht ist das eine Idee, die Sie ausprobieren möchten, wenn Sie das nächste Mal rund um den Globus unterwegs sind.

»Wegtönen«: Verstärken Sie den entspannenden Effekt des Ausatmens, indem Sie dabei einen Summlaut machen, stöhnen, seufzen oder irgendeinen anderen Laut, der für Sie passt. Stellen Sie sich dabei vor, Sie würden mit dem Laut zusammen alles »wegtönen«, was Sie belastet, nervt oder ärgert.

Singen und pfeifen: Singen oder pfeifen Sie Ihr Lieblingslied. Das vertieft Ihren Atem ganz natürlich: Wer singt oder pfeift, muss tief ausatmen! Vielleicht ein Grund, warum Kinder singen, wenn sie Angst haben ...

Basiskompetenz 4:
Gedankenaktivität eindämmen und beruhigen

Stellen Sie sich hierzu einen Kurzzeitwecker auf eine Minute ein. Versuchen Sie nun, diese eine Minute lang nichts zu denken.

Und? Geschafft? Ich vermute, nein. In uns allen denkt es ganz ohne unser Zutun. Rund 60 000 Gedanken pro Tag, 22 Millionen jedes Jahr. Ein nicht enden wollender Gedankenstrom. Besonders wenn Sie nichts denken wollen, hören Sie diesen inneren Dauerlärm, der Ihnen sonst gar nicht bewusst wird. Und es sind nicht nur Gedanken, die Sie weiterbringen, sondern viele Endlosschleifen, die wie eine hängen gebliebene Schallplatte immer wieder um einen quälenden Punkt kreisen, ohne dass Sie das stoppen könnten. Es sei denn ... Genau! Es sei denn,

Sie üben sich in Achtsamkeit. Denn je mehr Sie sich auf Ihr Meditationsobjekt konzentrieren, umso weniger Platz bleibt in Ihrem Gehirn für Sorgen, Ängste, Pläne, Gedanken an gestern oder morgen. Durch die Konzentration auf das gewählte Objekt wird die Konzentration gleichzeitig auf das »Jetzt« gelenkt und der Gedankenstrom effektiv eingedämmt und beruhigt.

Gut zu wissen

Aber bitte erwarten Sie nicht schon von den ersten Übungen, dass in Ihrem Kopf komplette Stille einkehrt. Zunächst einmal wird es Ihnen wie das Gegenteil vorgekommen sein, oder?

Sie werden wahrscheinlich wie alle Meditierenden die Erfahrung gemacht haben, dass Sie Ihre Aufmerksamkeit nur einige mehr oder weniger lange Momente ausschließlich auf den Atem richten konnten. Dann sind Sie voraussichtlich unbeabsichtigt in Gedanken abgeschweift und fingen an zu tagträumen, ohne das sofort zu registrieren. Möglicherweise sind Sie auch weggedöst. Sicher haben Sie den Wechsel von Phasen der Konzentration und des Abdriftens bemerkt. Umso mehr, wenn es gerade viele andere Dinge gibt, die Sie beschäftigen. Je mehr Sie Ihre Konzentrationsfähigkeit durch regelmäßiges Üben stärken, umso länger werden Sie die Aufmerksamkeit halten können und ein Abdriften immer schneller bemerken und beenden können.

Lassen Sie sich nicht von den ersten Versuchen frustrieren, es ist das Wesen der Aufmerksamkeit, dass sie unstet ist, und es ist tatsächlich nicht ganz einfach, sich dauerhaft auf einen gleichförmigen Reiz zu konzentrieren. Unser Gehirn nutzt in solchen Ruhephasen einfach die Chance, Gedanken darüber, was man gerade tut, was man noch zu tun hätte, Erinnerungen, Pläne und alles mögliche andere in den Vordergrund des Bewusstseins zu bringen. Dass dieses die Übung störende Phänomen seine guten Seiten hat, erfahren Sie ein bisschen später in den Erläuterungen zum »Default-Modus«.

Schon durch das regelmäßige Üben der Basisübung 1 wurden Ihre Gedanken etwas beruhigt. Hier eine weitere Übung, die Sie in einer hilfreichen Technik schult, Ihre Gedankenaktivität einzudämmen, und Sie befähigt, wohltuenden Abstand von den Dingen zu nehmen, die Sie aktuell beschäftigen.

Basisübung 4: Atemzüge zählen

Auf Fokuspunkt Ihrer Wahl konzentrieren

Nehmen Sie Ihre Haltung ein und konzentrieren Sie sich auf Ihre Atemzüge. Fokussieren Sie sich dabei wieder auf das Dreieck unterhalb der Nasenlöcher – oberhalb der Oberlippe – begrenzt durch die Nasolabialfalten links und rechts der Nasenflügel zu den Mundwinkeln. Wenn es Ihnen noch schwerfällt, den Atemhauch dort wahrzunehmen, können Sie sich auch auf das Gefühl Ihres Atems am Eingang der Nase oder in der Nase fokussieren. Wählen Sie als Fokuspunkt einfach den Bereich, in dem es Ihnen am leichtesten fällt, Ihren Atem wahrzunehmen.

Zusätzlich bis 10 zählen

Während Sie Ihre Atemzüge am gewählten Fokuspunkt wahrnehmen, zählen Sie jetzt zusätzlich bei jedem Atemzug innerlich mit: beim Einatmen »1« – Ausatmen »2« – Einatmen »3« – Ausatmen »4« und so fort, bis Sie bei 10 angekommen sind. Im Vordergrund sollte weiter die Konzentration auf den Atem stehen, das Zählen läuft im Hintergrund ab und soll nur um die zehn Prozent Ihrer Aufmerksamkeit beanspruchen. Nehmen Sie BEIDES gleichzeitig wahr, den Atem und das Zählen. Durch die zusätzliche geistige Beschäftigung mit dem Zählen wird das gedankliche Abdriften erschwert, und wenn es doch geschieht, werden Sie es schneller bemerken: Ihnen fällt bald auf, dass Sie nicht mehr wissen, bei welcher Zahl Sie gerade waren oder dass Sie versehentlich über die 10 hinaus gezählt haben. Dann beginnen Sie einfach wieder bei 1 und fahren fort.

▶ Varianten zu Basisübung 4: Fortschritte fördern

Nur noch komplette Atemzüge zählen: Wenn es Ihnen schon leichtfällt, sowohl beim Ein- als auch beim Ausatmen mitzuzählen, probieren Sie die Variante, nur noch jeweils den kompletten Atemzug zu zählen. Also: Einatmen / Ausatmen »1« – Einatmen / Ausatmen »2« – ... Das erhöht den Schwierigkeitsgrad, denn die Lücken zwischen den Zählschritten werden größer und Sie müssen sich die letzte Zahl länger merken. Dabei bleibt mehr Platz zum Wahrnehmen des Atems, aber auch mehr Gelegenheit für das »Einschleichen« anderer Gedanken.

»Zehner-Päckchen«: Versuchen Sie während des beschriebenen Prozesses zusätzlich auch noch im Kopf zu behalten, wie oft Sie schon bis 10 gezählt haben. Nach jedem Durchlauf, den Sie bis 10 gekommen sind, vermerken Sie gedanklich »Päckchen 1«, »Päckchen 2« usw. Wenn Sie sich zwischenzeitlich nicht mehr erinnern können, bei welchem Päckchen Sie eigentlich gerade waren, fangen Sie einfach wieder bei 1 an. Nach und nach werden Sie immer mehr Päckchen packen können, ohne wieder bei 1 anfangen zu müssen. Wenn Sie sich von Versuch zu Versuch merken, wie viele Päckchen Sie heute »geschafft« haben, macht das für Sie als motivierenden Nebeneffekt Fortschritte »messbar«. Denn je mehr Päckchen Sie durchlaufen, ohne wieder von vorne anfangen zu müssen, umso länger können Sie Ihre Aufmerksamkeit schon erhalten. Ihre Konzentrationsfähigkeit hat sich erhöht!

Bitte bedenken Sie dabei, dass Achtsamkeit kein Sport ist, bei dem es ums Gewinnen geht! Es wäre kontraproduktiv, wenn Sie sich geißeln, um möglichst viele Päckchen zu »schaffen«. Bleiben Sie auch geduldig, wenn es trotz Übung an manchen Tagen auch wieder einmal weniger Durchläufe sind, die Sie ohne Wegdriften bewältigen. Das ist völlig normal und hängt schlicht von Ihrer Tagesform ab, die natürlicherweise aufgrund vieler Faktoren schwankt.

Worte statt Zahlen: Sie können unwillkürlich auftauchende Gedanken auch eindämmen, indem Sie zusätzlich zur Wahrnehmung des Atems im Hintergrund einen Satz denken. Dieser Satz sollte für Sie eine positive Bedeutung haben und kurz und unkompliziert sein. So etwas wie »Alles ist gut so, wie es ist« oder »Ich lebe gern« oder »Ich sage Ja zum Leben«. Passend zum Rhythmus Ihres Atems denken Sie Ihren Satz im Hintergrund. Den Schwierigkeitsgrad können Sie erhöhen, indem Sie mehrere Sätze kombinieren oder wieder Päckchen packen und sich die Durchläufe, wie oft Sie den Satz gedacht haben, merken.

Mit den obigen Übungen haben Sie eine gute Basis für die nun folgenden anspruchsvolleren Techniken geschaffen: Sie können schon Ihre Aufmerksamkeit lenken und erhalten, innere Ruhe herstellen und Ihre Gedankenaktivität eindämmen. Es wird Ihnen nun möglich sein, den nächsten Schritt zu gehen und Ihre Gefühle genauer unter die Lupe zu nehmen.

Die 3 Masterkompetenzen

Masterkompetenz 1:
Emotionen beobachten, ohne auf sie zu reagieren

Mit der Entwicklung dieser Kompetenz, die Sie zur distanzierten Beobachtung Ihrer Emotionen befähigt, werden Sie Gelassenheit, Selbstbestimmtheit und Wahlfreiheit gewinnen, indem Sie lernen, Handlungs-
impulsen nicht blind zu folgen. Im ersten Schritt wird es Ihnen gelingen,
sich nicht gleich zu kratzen, wenn es Sie juckt, was im nächsten Schritt
– vorausgesetzt Sie üben regelmäßig – dazu führt, dass Sie nicht gleich
brüllen, wenn Sie wütend sind.

Warum macht es Sinn, sich auf den Körper zu fokussieren, wenn ich
mich doch eigentlich mit Gefühlen beschäftigen will? Weil jedes Gefühl
mit einer spezifischen körperlichen Empfindung verknüpft ist und es
den meisten Menschen leichter fällt, sich eines Gefühls bewusst zu werden, wenn sie ihre Aufmerksamkeit auf den Körper statt auf den Geist
richten.

In der folgenden Übung, dem Bodyscan, beobachten Sie Ihre Körperempfindungen und Gefühle im Moment des Entstehens, des Vergehens
und der Zeit dazwischen. Mit der Zeit entwickelt sich dabei eine ein-
drückliche Einsicht:

ALLES, was kommt, geht auch wieder.

Diese Erkenntnis haben Sie vielleicht über Ihren Verstand schon lange
zuvor gewonnen, Sie werden aber feststellen, dass die hier entstehende
Einsicht tiefer geht.

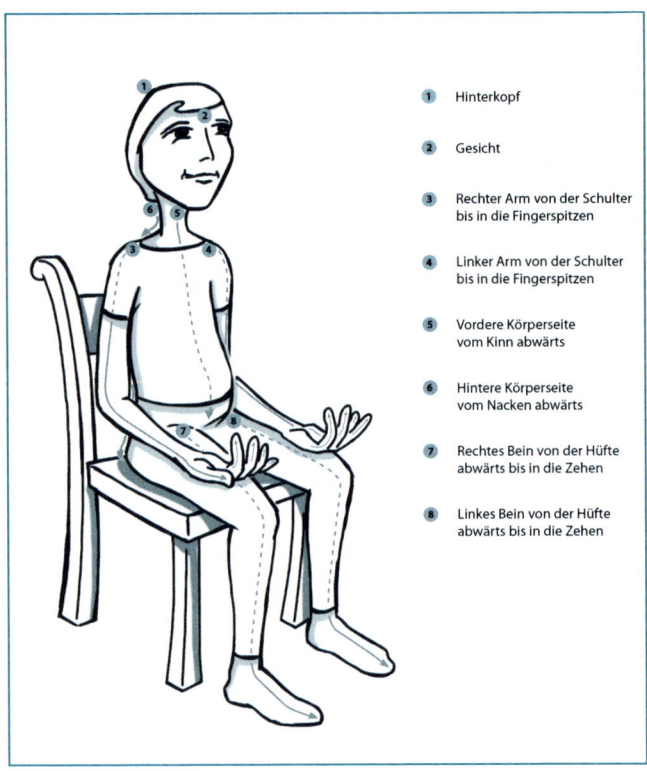

❶	Hinterkopf
❷	Gesicht
❸	Rechter Arm von der Schulter bis in die Fingerspitzen
❹	Linker Arm von der Schulter bis in die Fingerspitzen
❺	Vordere Körperseite vom Kinn abwärts
❻	Hintere Körperseite vom Nacken abwärts
❼	Rechtes Bein von der Hüfte abwärts bis in die Zehen
❽	Linkes Bein von der Hüfte abwärts bis in die Zehen

Gleichmütiges Beobachten Ihrer Körperempfindungen führt zu einem inneren Klärungsprozess, der negative Gefühle abnehmen lässt und mit der Zeit durch positive ersetzt. Dann ist es kein durch den Verstand geleiteter Akt mehr, wenn Sie sich trotz aufwühlender Emotionen dennoch »beherrschen« können. Es wird Ihnen stattdessen immer öfter gelingen, ruhig zu bleiben, weil Sie tatsächlich innerlich ruhig sind, wo

Sie früher trotz guter Vorsätze Ihres Verstandes scheiterten und sich hinterher über Ihre impulsive »Autopilothandlung« ärgerten.

Um den Bodyscan erfolgreich nachvollziehen zu können, ist es hilfreich, wenn Sie schon wenigstens 10 Minuten lang achtsam bleiben können. Denn dies ist in etwa die Zeitspanne, die Sie brauchen, um Ihren Körper einmal zu »durchwandern«.

Sie finden in anderen Publikationen oder im Internet verschiedene Anleitungen für einen Bodyscan. Ich empfehle Ihnen, den Bodyscan die ersten Male mit einer gesprochenen Anleitung zu üben. Ich habe Ihnen eine solche Anleitung vorbereitet. Mit dem folgenden QR-Code können Sie sich diese downloaden:

Nachdem Sie die Reihenfolge verinnerlicht haben, sollten Sie sich dann aber bald unabhängig machen und ohne gesprochenen Text üben. Auf diese Weise können Sie in jeder Region Ihres Körpers so lange bleiben, wie es Ihnen passt, und werden nicht durch die Weiterführung durch den Sprecher aus Ihrer Konzentration herausgerissen.

Masterübung 1: Bodyscan

Haltung einnehmen
Sie können den Bodyscan im Sitzen, Liegen oder Stehen durchführen. Am besten mit geschlossenen Augen, dann fällt es leichter, sich nach innen zu wenden.

Einstimmen und sammeln

Fokussieren Sie sich für einen Moment auf Ihren Atem. Wenn es Ihnen noch schwerfällt »reinzukommen«, zählen Sie Ihre Atemzüge mit wie zuvor.

Körper scannen

Konzentrieren Sie sich nun auf den höchsten Punkt an Ihrem Hinterkopf. Von dort ausgehend, bewegen Sie sich mit Ihrer Konzentration spiralförmig über den gesamten Hinterkopf. Lassen Sie sich so viel Zeit, wie Sie brauchen, um alle Empfindungen, die an Ihrem Hinterkopf zu fühlen sind, wahrzunehmen: vielleicht eine Temperaturempfindung, ein Kribbeln, falls Sie liegen, den Kontakt zum Untergrund ... Achten Sie auf alle Empfindungen, ohne etwas zu tun. Wie lange dauern sie an?

Wandern Sie dann mit Ihrer Aufmerksamkeit Ihre gesamte Rückseite entlang: vom Hinterkopf über den Nacken, die Rückseite des einen und des anderen Arms den Rücken hinunter, nehmen Ihren Po und die Rückseite Ihrer Oberschenkel und Waden wahr bis zu den Fußsohlen. Nehmen Sie sich für jede Region einige Atemzüge lang Zeit, immer so lange, bis Sie sich der jeweiligen Stelle wirklich bewusst sind. Erst dann verschieben Sie Ihren Aufmerksamkeitsfokus millimeterweise weiter, immer begleitet vom ruhigen Atem. Wenn Sie auf eine Stelle stoßen, die sich verspannt anfühlt, bleiben Sie einen Moment länger dort und lassen mit einigen Malen vertiefter Ausatmung die Spannung sich auflösen.

Lassen Sie sich auch Zeit, um zu spüren, welche Stellen Sie mehr oder weniger deutlich fühlen können, welche Teile präsent sind oder eben nicht. Spüren Sie die Oberfläche Ihres Körpers und versuchen Sie auch in ihn »hineinzufühlen«. Dann wandern Sie auf die gleiche Weise mit

Ihrer Aufmerksamkeit auf der Vorderseite Ihres Körpers von unten nach oben und fühlen in ein Bein, den Fußrücken, jeden einzelnen Zeh, das Fußgelenk, den Unterschenkel, das Knie, den Oberschenkel. Dann das andere Bein von unten nach oben. Wenn Sie nur Ihren großen Zeh fühlen und die anderen nicht, bewegen Sie sie leicht, um Ihr inneres Bild von den kleineren Zehen aufzufrischen.

Dann den Bauch, die Vorderseite des einen und des anderen Arms, den Brustkorb, den Hals und zuletzt das Gesicht. Spüren Sie jeden einzelnen Bereich. Die Stirn: Ist sie angespannt? Lassen Sie beim nächsten Ausatmen die Anspannung entweichen. Wie fühlen sich die Augen an? Der Mund? Der Kiefer?

Bleiben Sie gelassen, wenn unangenehme Gefühle oder Empfindungen auftauchen. Beobachten Sie einfach, wie sie ganz von selbst wieder verschwinden. Wenn es Sie juckt, kratzen Sie nicht gleich. Warten Sie wenigstens einen Moment ab. Sie können auch versuchen, bei Schmerzen oder anderen Störungen Ihrer Aufmerksamkeit diese zu benennen, statt Ihrem Impuls nachzugeben, etwas verändern zu wollen. Das hilft meistens.

Lassen Sie sich auch nicht von ungewohnten Erfahrungen beunruhigen, wie dass Sie Ihren Herzschlag hören oder dass Tränen in Erinnerung an alte Verletzungen aufkommen. Das ist normal. Behalten Sie einfach die Haltung eines aufmerksamen Beobachters bei.

Nehmen Sie zum Abschluss Ihren Körper als Ganzes war.

Fokuspunkt nutzen

Um Ihre Konzentration zu intensivieren und Ihre Aufmerksamkeit leichter gesammelt zu erhalten, ist es hilfreich, mit einem körperlichen Fokuspunkt zu arbeiten. Dazu können Sie beispielsweise während des Bodyscans, aber auch bei allen anderen Übungen Ihre Hände so vor dem Bauch ineinanderlegen, dass sich die Spitzen der Daumen berühren, mit Zeigefinger und Daumen einen Ring bilden, während Sie die Hände auf den Knien ablegen oder – mein persönlicher Favorit – die Zungenspitze an den Gaumen legen. Da gerade die Hände und der Mundbereich besonders dicht mit sensiblen Nervenfasern durchzogen sind, sind diese Bereiche im Gegensatz zu einem Punkt an den Armen, Beinen oder am Rücken sehr gut zu spüren und damit gut geeignet, die Konzentration dort zu sammeln. Experimentieren Sie einfach mit den verschiedenen Möglichkeiten und finden Sie Ihren Favoriten.

Masterkompetenz 2:
Gedanken wahrnehmen, ohne auf sie zu reagieren

Gedanken sind noch unbeständiger als Gefühle. Sie tauchen schneller auf und sind schneller wieder weg. Sie zu beobachten ist schon aus diesem Grund schwieriger. Noch dazu haben wir unseren Gedanken gegenüber ein starkes »Ich-Gefühl« im Sinne von »Ich bin, was ich denke«. Da fällt es schwer, diesen uns so nahen Bestandteil unseres Selbst distanziert zu beobachten. Mit den in den vorigen Übungen aufgebauten Kompetenzen wird Ihnen aber auch diese Aufgabe gelingen.

Ob im Coaching oder in meinen Seminargruppen, immer wieder höre ich enttäuschte Stimmen: »Also in meinem Kopf ist es beim Meditieren überhaupt nicht still. Ganz im Gegenteil.« Wenn Sie schon ein wenig geübt haben, werden Sie sich jetzt schon nicht mehr so sehr vom Strom Ihrer Gedanken, all den wilden Assoziationen und Vorstellungen mitnehmen lassen. Aber die der Meditationspraxis zugeschriebene Gedankenstille werden Sie möglicherweise noch nicht erreicht haben. Denn selbst, wenn Sie ganz bei der Sache sind, wird es passieren, dass Sie Ihr Tun bewerten und etwas denken wie »Jetzt hab ichs! Ich bin total konzentriert!« Auch das ist noch nicht die Gedankenstille, die Sie erwartet.

Gut zu wissen – zu Ihrem Trost

◊ »Abschweifen« hat einen wichtigen Grund (den lernen Sie in Kürze kennen: den »Default-Modus«).

◊ Selbst wenn Sie niemals Gedankenstille erleben, bringt Ihnen jede Minute Achtsamkeitspraxis eine Extraportion innere Kraft.

◊ Selbst Meditationsprofis erleben nur kurze Momente der inneren Stille.

Also verbeißen Sie sich nicht, dieses Phänomen unbedingt erreichen zu wollen. Verbissenes Üben ist im Zusammenhang mit den hier vorgestellten Kompetenzen mehr als kontraproduktiv! Sie sind schon ein Meditationsheld, wenn Sie immerhin zunehmend schneller bemerken, wenn Sie in den Gedankenstrom eintauchen und sich mitnehmen lassen!

Dass Sie es bemerken, befähigt Sie dazu, auch wieder ans Ufer zu treten und von dort aus gelassen dem Spiel der Gedanken zuzuschauen. Und wenn Sie das können, können Sie auch im Alltag ablenkende Störreize besser an sich vorbeiziehen lassen, ohne darauf zu reagieren. Denn Ihr Gehirn nutzt die aufgebauten Kompetenzen ja auch außerhalb der Zeit, in der Sie meditieren, und Achtsamkeit wird zum Normalzustand.

Masterübung 2: Gedanken beobachten

Richten Sie Ihre Aufmerksamkeit auf Ihren Atem, so wie es sich im Verlauf der vorigen Übungen für Sie am praktikabelsten erwiesen hat.

Den »Gedankenfluss« beobachten

Stellen Sie sich vor, Ihre Gedanken wären ein Fluss und Sie stünden am Ufer und schauten zu, was da alles an Ihnen vorbeifließt. Ganz gleich, was Sie denken, ob negativ oder positiv, akzeptieren Sie alles, was kommt. Versuchen Sie keinesfalls, die Wogen zu glätten, den Fluss zu stoppen, zu blockieren oder umzuleiten. Sie erzeugen damit nur noch mehr Gedanken, ähnlich, als wollten Sie mit einem Stock aufs Wasser schlagen, um die Wellen zu beruhigen. Sie beruhigen sich ganz von selbst. Kehren Sie immer wieder auf Ihre Position als Beobachter am Ufer zurück, indem Sie Ihre Aufmerksamkeit auf das Gefühl Ihres Atems richten, und lassen Sie das Rauschen des Gedankenflusses in den Hintergrund treten. Es ist einfach nur ein Hintergrundgeräusch, als ob Sie bei der Arbeit nebenbei Radio hören, ohne dem Programm wirklich zu folgen.

Gedankenstille erhalten

Es kann gut sein, dass Ihre Gedanken schon jetzt plötzlich ganz aussetzen und verstummen. Es ist ganz typisch, dass dann ein Gefühl von Stolz und Freude auftaucht und Sie anfangen, über die Stille nachzudenken, statt sie zu erleben. Auch dann gilt: Zurück ans Ufer ...

Gedanken als Motor für Gefühle den Treibstoff entziehen

Gedanken lösen Gefühle aus, Gefühle wieder weitere Gedanken und so fort. Ob nun von Gedanken oder Gefühlen – Sie sollten immer wieder ans Ufer zurückkehren und sich nicht dauerhaft vom Strom mitnehmen lassen. Richten Sie Ihre Aufmerksamkeit zwischendurch immer wieder auch einmal auf Ihren Körper und spüren Sie eventuelle Spannungen auf: festgehaltene Schultern, Steifigkeit im Genick, festgehaltener Bauch, häufig verbunden mit Emotionen, wie die Angst, die uns im Nacken sitzt, oder Sorgen, die auf den Magen schlagen. Um die Spannungen zu lösen und die Gefühle zu beruhigen, verweilen Sie einen Moment mit Ihrer Aufmerksamkeit dort, begleitet von einigen vertieften Ausatemzügen. Damit entziehen Sie gleichzeitig Ihren Gedanken den Treibstoff und Sie kommen bald von selbst zur Ruhe.

Fokus auf Gedankenlücke richten

Richten Sie Ihre Aufmerksamkeit auf die stillen Pausen, die zwischen zwei aufeinanderfolgenden Gedanken entstehen, und versuchen Sie, diese Lücke auszudehnen. Wie? Konzentrieren Sie sich auf die Lücken, wie Sie sich zuvor auf das Gefühl am Naseneingang konzentriert haben. Dadurch vergrößert sich die Lücke automatisch.

▶ Variante zu Masterübung 2

Während Sie Ihre Gedanken vom Ufer aus beobachten, können Sie diese klassifizieren: Welche Gedankenvorgänge sind nützlich und tun Ihnen gut? Welche sind eher schädlich und oder nutzlos?

Wenden Sie diese Art der Selbstreflexion auch außerhalb der Meditation mitten im Alltag immer wieder einmal an. Gehen Sie ans Ufer und nehmen Sie eine Beobachterrolle oder Metaposition ein, von der aus Sie sich fragen können, ob Sie den aktuellen Gedanken mehr oder weniger Raum geben möchten. Gedanken, die Ihnen Kraft und Freude rauben, lassen Sie dann genauso weiterziehen, wie in der Meditation auch.

Masterkompetenz 3: Sein statt tun

In den zurückliegenden Übungen haben Sie einzelne Bereiche des Bewusstseins jeweils für sich genommen näher beleuchtet und Ihre Fähigkeit zur Selbstregulation damit erhöht. Sie haben zunächst Ihren Atem, dann Ihren Körper und schließlich Ihre Gefühle und Gedanken erst einmal bewusst wahrgenommen und dann geübt, den Impulsen aus diesen Bereichen nicht sofort nachzugeben.

Sofern Sie die Übungen regelmäßig praktizieren, können Sie nun Ihre Aufmerksamkeit und Konzentration länger aufrechterhalten, Ihre Gefühle differenzierter wahrnehmen, über Ihren Atem jederzeit einen Zustand innerer Ruhe herstellen und die Aktivität Ihrer Gedanken eindämmen und steuern.

Die bereits vorgestellten Übungen nutzen Meditation als Toolbox mit Techniken, die Ihr Erregungsniveau bei Bedarf senken, Körperspannungen lösen, den Geist klären und Gefühle und Gedanken beruhigen.

Jetzt geht es um eine tiefere Dimension dessen, was Meditation vermag. Denn Achtsamkeit trainieren ist mehr, als sich ein Tool anzueignen, es geht auch um den Motor und den Strom, der ihn antreibt, also um Selbsterkenntnis und um eine erweiterte Wahrnehmung von allem, was geschieht.

In dieser letzten, auf allen vorigen Kompetenzen aufbauenden Masterkompetenz beschäftigen wir uns mit der Kultivierung positiver Gefühle, Ihrem Glück und vor allem mit der Fähigkeit, eins mit sich und der Welt zu sein, statt außer sich zu geraten.

Glück ist genauso wenig wie jeder andere Zustand eine ewig andauernde Sache. Ganz gleich, was Sie auch immer tun und wo Sie arbeiten, Glück werden Sie immer nur für einige Momente empfinden.

Die gute Nachricht lautet: Es ist leicht, die Momente des Glücks zu vermehren und wie Perlen an einer Kette aneinanderzureihen, sodass Sie sich insgesamt glücklich fühlen. Sicher nicht gerade dann, während Ihr Chef Ihnen eröffnet, dass die Konzernzentrale in eine weit entfernte Stadt umzieht und Sie deshalb entweder Ihren Lebensmittelpunkt verlagern müssen oder Ihren Job verlieren. Auch nicht in dem Moment, wo Ihre Frau oder Ihr Mann abends nicht mehr da ist, wenn Sie nach Hause kommen, und auf einem Zettel auf dem Küchentisch steht: »Ich bin ausgezogen. Ich kann dich nicht mehr ertragen.«

Aber immer wieder und trotz allem ist es jedem von uns möglich, glücklich und zufrieden zu sein. Und die anderen, die dunklen Momente entpuppen sich oft im Nachhinein betrachtet ebenfalls als Perlen: Vielleicht sind diese Perlen schwarz, aber gerade diese Sorte zwingt uns manchmal zu unserem Glück und lässt uns endlich die Energie finden, unser Leben zu verändern und ohne Wehmut das hinter uns zu lassen, was nicht mehr zu uns passt.

Aber wie geht das? Was können Sie tun, um die hellen Glücksperlen zu finden und möglichst viele davon zu einer Kette aneinanderzureihen?

Kein Ding, kein Erfolg, kein Urlaub kann uns dauerhaft glücklich machen. Nichts auf der Welt kann das, nur wir selbst. Und dazu müssen wir unsere Sicht auf das, was wir glauben, das uns glücklich machen könnte, überdenken.

Denn es sind eben nicht nur die spektakulären Momente, die wie ein bombastisches Feuerwerk grellbunt in den Himmel schießen, die uns glücklich machen, sondern viel eher doch die stillen Momente, in denen wir uns selbstvergessen eins mit der Welt fühlen, Raum und Zeit keine Bedeutung haben und kein Gedanke an Vergangenheit und Zukunft durch unseren Kopf geht. Das sind die am hellsten schimmernden Perlen, die Sie finden können. Und die kullern meist gerade dann in Ihr Leben, wenn Sie nichts dazu tun, um sie herbeizuzwingen, wenn Sie gerade nichts planen, nichts wollen, entspannt im Moment leben, alles zulassen, was passiert, ohne es in eine bestimmte Richtung lenken zu wollen.

Wir alle kennen zwar diese stillen, glücklichen Momente, wie ich sie eben beschrieben habe (Sie auch, oder? Das hoffe ich zumindest ...), aber die meisten von uns könnten gerne auch mehr davon vertragen.

Vielleicht fragen Sie sich gerade: Wie soll das denn gehen? In meinem hektischen Alltag und bei dem ständigen Termindruck finde ich doch für so was keine Ruhe! Woher soll ich die Zeit nehmen? Das sind sehr berechtigte Fragen und Bedenken. Lassen Sie uns jetzt schauen, wie »Sein statt tun« im Alltag funktioniert. Zur Einübung der 3. Masterkompetenz habe ich sogar vier Übungen für Sie:

Masterübung 3.1: De-Automatisierung

Mit »Sein statt tun« ist im Grunde das gemeint, was Yogis »Erleuchtung« nennen. In Alltagssprache übersetzt kann man es auch »vollkommene Konzentration« nennen: die Konzentration auf das, was im Hier und Jetzt geschieht ohne Gedanken an Vergangenheit oder Zukunft, verbunden mit sich selbst und der Welt. Wir sind dann nicht im »Robotermodus«, in dem wir alle Handlungen vollautomatisch und damit weitgehend unbewusst ausführen, sondern gehen völlig in der Sache auf.

Selbstverständlich können und sollen Sie weiter planen, steuern und managen. Nur: Wenn Sie etwas tun, dann tun Sie es ganz! Üben Sie sich darin, in allen Situationen des täglichen Lebens ganz präsent zu sein. Üben Sie sich also im Gegenteil von Multitasking.

Sie werden umso mehr inneren Frieden und Leichtigkeit empfinden, je mehr Sie lernen, mit voller Achtsamkeit jeweils nur eine Sache zu tun, wenn auch viele Sachen in schneller Abfolge hintereinander. Die ausschließliche Aufmerksamkeit auf das, was jetzt gerade passiert, befähigt Sie dazu, auch die kleinen Glücksperlen zu registrieren, die schönen Aspekte des Lebens intensiver wahrzunehmen und jeden einzelnen kostbaren Augenblick des Lebens voll zu würdigen.

▶ Varianten zur Masterübung 3.1

Bewusstheit im Alltag: Es braucht schon einiges an Übung, um mitten im Arbeitsalltag die Achtsamkeit auf das eigene Tun zu erhalten und sich dabei nicht versehentlich plötzlich im Robotermodus wiederzufinden. Als hilfreichen Zwischenschritt können Sie auch erst einmal die Bewusstheit für einfache Alltagshandlungen wie Treppensteigen, Essen, Duschen oder Kochen steigern, indem Sie diese üblicherweise stark automatisierten Handlungen verlangsamt ausführen und Ihre gesamte Aufmerksamkeit auf jeden einzelnen Teil dessen, was Sie gerade tun, richten: Wie fühlen sich Ihre Füße beim Treppengehen an? Welcher Teil trifft zuerst am Boden auf? Wie riecht das Essen? An welcher Stelle im Mund schmecken Sie es am intensivsten?

Nutzen Sie auf diese Weise über den Tag verteilt immer wieder einmal die Gelegenheit, Achtsamkeit in Ihr Leben zu integrieren, damit es nach und nach zu einer kontinuierlichen Meditation wird und die formellen Meditationsübungen schließlich nur noch dazu dienen, die Fähigkeit zur Achtsamkeit zu intensivieren, um die Kompetenzen leichter weiterentwickeln zu können. Denn schließlich ist Meditation kein Selbstzweck, sondern soll Sie dabei unterstützen, Ihren Alltag besser zu meistern, und das gelingt am besten, wenn Sie den Alltag als Übungsfeld einbeziehen.

Anders als sonst: Die automatisierten Routinen im Robotermodus können Sie auch unterbrechen, indem Sie etwas anders machen als sonst. Wenn Sie beispielsweise Ihre Zähne mal mit der anderen Hand putzen, einen anderen Weg zur Arbeit wählen als sonst oder Ihren Kaffee als Rechtshänder mit der linken Hand einschenken, erhöht sich ganz von selbst Ihre Aufmerksamkeit auf das, was Sie gerade tun.

Masterübung 3.2:
Wohlwollende Verbundenheit mit sich selbst

Wenn wir positive Gefühle kultivieren und mehr Glücksperlen finden möchten, ist der erste Schritt dahin, dass wir eine wohlwollende Haltung uns selbst gegenüber einnehmen und damit die Resilienzfaktoren »Selbstliebe« und »Verbundenheit« stärken.

Viel zu viele Menschen tragen Verachtung oder gar Hass sich selbst gegenüber in sich. Sie wünschen sich anders zu sein, als sie sind, und nehmen es sich übel, dass sie ihrem Wunschbild nicht entsprechen. Wie sieht das bei Ihnen aus? Wie sehr mögen Sie sich? Können Sie sich so akzeptieren, wie Sie sind? Wie sehr fühlen Sie sich in sich selbst gut aufgehoben und zu Hause?

Häufig ist es uns nicht bewusst, dass unsere Unzufriedenheit mit den Umständen ihre Wurzel darin hat, dass wir eigentlich mit uns selbst unzufrieden sind, und das klemmt unserem Motor den Strom ab. Umgekehrt gilt die einfache Formel: Je zufriedener wir mit uns selbst sind und je mehr wir uns mögen, umso zufriedener sind wir mit den Umständen. Selbst wenn die nicht so pralle sind.

1. Beginnen Sie zu meditieren und konzentrieren Sie sich einige Momente auf Ihren Atem, bis Sie sich etwas gesammelt haben.
2. Lassen Sie in sich ein liebevolles Gefühl entstehen, indem Sie an eine Person denken, bei der Ihnen das Herz aufgeht. Wenn Ihnen niemand einfällt, dann holen Sie sich das Bild einer Mutter vor Ihr geistiges Auge, die ihr Kind liebevoll ansieht. Falls Sie eine besonders enge Beziehung zu einem Haustier haben, geht auch das.
3. Konzentrieren Sie sich auf das Gefühl, das in Ihnen entsteht, wenn Sie sich das Gesicht, die Haltung oder eine freundliche Geste dieser Person bildhaft vorstellen, und das sich vielleicht in einem inneren Lächeln ausdrückt.
4. Beobachten Sie, wie sich dieses Gefühl in Ihrem ganzen Körper ausbreitet, und lassen Sie es durch Ihre Vorstellungskraft wachsen. Das gelingt manchmal leichter, indem Sie auch beobachten, wo in Ihrem Körper das Gefühl entspringt. In der Herzgegend? Im Bauch? Welchen Weg nimmt es durch Ihren Körper? Probieren Sie aus, ob Sie das Gefühl steigern können, indem Sie innerlich den Namen der Person nennen.

5. Lenken Sie dieses Gefühl jetzt auf sich selbst und schauen mit liebevollem Mitgefühl auf Ihre Kämpfe und Sorgen.
6. Stellen Sie sich dabei vor, Sie wären sich selbst ein weiser Lehrer, der Ihre Schwächen mit Verständnis, Mitgefühl, Geduld und Humor betrachtet. Oder eine Mutter / ein Vater, der ihrem / seinem Kind seine Ungereimtheiten, Fehltritte und Schwierigkeiten verzeiht und es freundlich an die Hand nimmt, um ihm weiterzuhelfen.
7. Bleiben Sie noch eine Weile einfach sitzen und versuchen Sie das Gefühl von liebevoller Zuwendung sich selbst gegenüber noch einen Moment zu erhalten.

Menschen, deren Unzufriedenheit mit sich selbst sehr groß ist, fällt diese Übung üblicherweise zunächst recht schwer – der innere Selbsthass geht quasi auf die Barrikaden und versucht ihnen klarzumachen, dass es einfach nicht allzu viel Grund für eine wohlwollende Betrachtungsweise gibt. Dann gilt: Nicht alles glauben, was man denkt! Nicht aufgeben! Weitermachen! Noch mal probieren! Es ist Übungssache, ein liebevolles Gefühl sich selbst gegenüber zu entwickeln, und es braucht in vielen Fällen eine gewisse Hartnäckigkeit, die Innenwelt zu überzeugen und den Strom wieder fließen zu lassen.

Masterübung 3.3:
Wohlwollende Verbundenheit mit anderen und der Welt

Zuvor haben Sie am Wohlwollen und der Akzeptanz sich selbst gegenüber gearbeitet, denn das ist die Voraussetzung dafür, auch anderen Menschen und allen Umständen gegenüber eine wohlwollende Haltung einnehmen zu können. Wenn es Dinge gibt, die wir an uns selbst nicht mögen oder gar verabscheuen, ist es fast unmöglich, diese oder ähnliche Dinge bei anderen zu akzeptieren. Und wenn wir mit uns unzufrieden sind, machen uns auch die Umstände unzufrieden.

Versuchen Sie Folgendes:

1. bis 4.: Die ersten 4 Schritte sind die gleichen wie in der vorherigen Übung.
5. Nachdem Sie ein liebevolles Gefühl in sich entstehen lassen haben, richten Sie es dieses Mal auf weitere Menschen aus, die Ihnen nahestehen. Rufen Sie dazu Bilder der Personen in sich wach und Erinnerungen an positive Erlebnisse, in denen sich Ihre liebevolle Verbundenheit zeigt. Stellen Sie sich das unsichtbare Netz, das Sie mit diesen Menschen verbindet, bildlich vor.
6. Verteilen Sie Ihr Mitgefühl und Ihre Liebe über dieses Netz an alle Menschen darin. Stellen Sie sich dazu vor, wie sich das anfühlen könnte: Wie ein warmer Strom von Energie? Wie Sonnenstrahlen? Hat Ihr Gefühl in Ihrer Vorstellung vielleicht eine Farbe oder einen Klang?
7. Versuchen Sie in dieses Netz Ihrer liebevollen Verbindungen nach und nach erst auch Menschen aufzunehmen, denen Sie neutral gegenüberstehen, die Ihnen gleichgültig sind oder die

Sie gar nicht kennen, und versuchen Sie auch diesem Personenkreis ein Gefühl von liebevoller Güte über das Netz zu senden.

8. Schließlich beziehen Sie auch diejenigen ein, deren Ansichten Sie nicht teilen, die Sie nicht mögen, und die, mit denen Sie im Clinch sind.

Höre ich Sie gerade denken: »Jetzt schlägt's aber 13! Ich soll Menschen lieben, die mir eigentlich auf die Nerven gehen?« Sie sollen gar nichts. Sie können es ausprobieren, wenn Sie mögen. Einen Versuch ist es aus folgenden drei Gründen wert:

◊ Je mehr wir andere akzeptieren, umso mehr akzeptieren wir uns selbst!

◊ Negative Gefühle sperren uns in ein selbst gemachtes Gefängnis. Kennen Sie die Geschichte von den beiden ehemaligen Kriegsgefangenen? Sie treffen sich und der eine fragt den anderen: »Hast du deinen Wächtern inzwischen verziehen?« Der andere antwortet: »Nein, und das werde ich auch niemals tun!« Da schaut ihn der erste nachdenklich an und sagt: »Nun, dann sitzt du ja immer noch in ihrem Gefängnis, nicht wahr?«

◊ Konflikte und Auseinandersetzungen werden minimiert. Probieren Sie aus: Wenn Sie auch nur in Gedanken einem Kontrahenten gegenüber ein leidlich warmes Gefühl entwickeln, wird sich ganz ohne weiteres Zutun jeder Konflikt deutlich abmildern oder sogar in nichts auflösen.

Natürlich werden Sie nicht aus dem Stand heraus einen »Feind« plötzlich lieben und ihm vergeben. Deshalb ist es ja auch eine »Masterübung« ... Vielleicht müssen Sie 30- oder 300-mal die obige Übung durchführen, bis sich ein erstes echtes Gefühl von Güte und Vergebung bei Ihnen einstellt. Auf dem Weg dahin werden Sie möglicherweise zum ersten Mal registrieren, wie viel Wut Sie mit sich herumtragen. Und diese Emotion höhlt wie alle negativen Emotionen Ihre Kraft von innen heraus aus, kostet Sie viel Energie und bringt Ihnen null Ergebnis.

Masterübung 3.4:
Alle Bewusstseinsebenen verbinden

Das hier ist der Master der Masterübungen :-). Diese Übung schafft die beste Voraussetzung dafür, »Sein statt tun« zu erleben und weitere Glücksperlen zu finden. Sie ist im Grunde einfach (aber nicht leicht ...): Sie verbinden die Kompetenzen, die Sie zuvor einzeln geübt haben, jetzt schrittweise miteinander, bis Sie schließlich alles gleichzeitig wahrnehmen können und die Unterscheidung in einzelne Kompetenzen keine Rolle mehr spielt.

1. Nutzen Sie die Fähigkeit aus der ersten Basiskompetenz »Die Aufmerksamkeit auf ein gewähltes Objekt halten« und fokussieren Sie sich mit Ihrer Wahrnehmung auf Ihren Atem.
2. Gehen Sie fließend in die Fähigkeit aus der zweiten Basiskompetenz »Empfindungen differenziert wahrnehmen« über und begrenzen Sie Ihren Aufmerksamkeitsfokus auf das Gefühl Ihres Atems und aller Empfindungen in dem kleinen Dreieck unterhalb Ihrer Nasenlöcher, oberhalb der Oberlippe.
3. Nutzen Sie die dritte und vierte Basiskompetenz »Den Zustand innerer Ruhe herstellen« und »Gedankenaktivität eindämmen und beruhigen«, falls noch nötig.
4. Richten Sie Ihre Aufmerksamkeit jetzt auf Ihren Körper und Ihre Emotionen, wie Sie es in der ersten Masterkompetenz

»Emotionen beobachten, ohne auf sie zu reagieren« geübt haben.

5. Versuchen Sie jetzt gleichzeitig sowohl Ihren Körper als auch Ihre Atemempfindungen wahrzunehmen. Dazu wechseln Sie bei Bedarf mehrmals zwischen dem enggestellten Fokus, um Ihre Empfindungen differenziert wahrzunehmen, und einem weitgestellten Fokus, um Ihre Aufmerksamkeit zu weiten, bis es Ihnen schließlich gelingt, eine Zeit lang bei der umfassenderen Aufmerksamkeit zu bleiben.

6. Danach nehmen Sie die zweite Masterkompetenz »Gedanken wahrnehmen, ohne auf sie zu reagieren« dazu und weiten dazu Ihre Aufmerksamkeit, dass Sie jetzt alles gleichzeitig wahrnehmen können: Ihren Atem, Ihre Körperempfindungen, Ihre Emotionen und Ihre Gedanken.

Dabei werden Sie sich immer wieder in wohlwollender Verbundenheit mit den Übungen zuvor üben müssen, denn es wird nicht gleich und wenn, dann nur für kurze Zeit gelingen. Denken Sie daran: Bleiben Sie offen, geduldig, absichtslos, bewerten und verurteilen Sie Ihre Fortschritte nicht. Machen Sie einfach weiter, wenn Sie spüren, dass Sie frustriert aufgeben wollen, kehren Sie an das Ufer des Flusses zurück und beginnen Sie wieder von vorne. Denn: Jeder Versuch, jeder noch so kleine Schritt bringt Sie voran!

Die folgende Grafik fasst dieses Kapitel noch einmal für Sie zusammen.

Achtsamkeit im Überblick

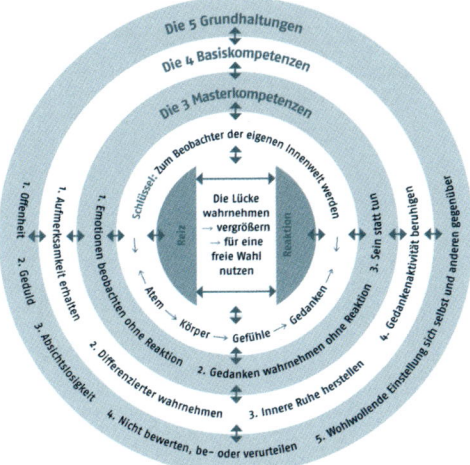

Ergebnis:

- Mehr Gelassenheit, höhere Belastbarkeit
- Selbstbeherrschung: bei sich bleiben, ohne „außer sich" zu geraten
- Neue Perspektiven mit positiver Auswirkung auf alle Führungssituationen
- Mehr Ziele erreichen mit weniger Aufwand
- Höhere Empfänglichkeit für die Schönheit der Welt: Demut, Dankbarkeit, Präsenz

- Weiterentwicklung aller 11 Resilienzfaktoren
- Gesammelter Geist
- Persönliche Wahlfreiheit und Selbstbestimmung unabhängig von den Umständen
- Fähigkeit zur Akzeptanz der Dinge, wie sie sind
- Innere Zufriedenheit, Selbsterkenntnis, Bewusstwerdung: Wer bin ich? Warum tue ich, was ich tue?

»Tu dir täglich etwas Gutes. Nicht erst, wenn deine Kraft am Ende ist!«

Katharina Maehrlein

5. Zwischencheck: Sind Sie auf dem richtigen Weg?

Wenn Sie sich in Achtsamkeit üben, werden Sie Fortschritte machen. Aber woran können Sie festmachen, ob Sie auf dem richtigen Weg sind? Trägt der achtsame Umgang mit sich und der Situation schon Früchte?

Die folgenden Fragen werden von Menschen mit Erfahrung in der Achtsamkeitspraxis häufiger mit Ja beantwortet als von denen mit wenig oder keiner Erfahrung. Sie mögen Ihnen als Hinweis für Ihr Fortkommen dienen. Und bitte denken Sie daran: Verurteilen Sie sich nicht, wenn Sie nicht alle Punkte zu jeder Zeit mit einem eindeutigen Ja unterschreiben können. Das kann nicht einmal ein buddhistischer Mönch mit lebenslanger Meditationspraxis! Machen Sie sich nicht selbst noch zusätzlich Stress, indem Sie der perfekt achtsame Mensch werden wollen!

Es ist übrigens wirklich hilfreich, sich gerade in der Anfangszeit Unterstützung in einer entsprechenden Gruppe oder bei einem Lehrer zu holen, um am Ball zu bleiben.

Checkliste: Fortschritte in der Achtsamkeitspraxis			
1.	Ich bemerke Veränderungen in meinem Körper, wenn sie eintreten.	Ja ☐	Nein ☐
2.	Ich kann gut in Worte fassen, was ich fühle.	Ja ☐	Nein ☐
3.	Ich verliere mich nicht in Tagträumen und Grübeleien.	Ja ☐	Nein ☐

4.	Ich kritisiere mich selten.	Ja ☐	Nein ☐
5.	Ich knabbere nur selten etwas, ohne mir bewusst zu sein, was ich da gerade esse.	Ja ☐	Nein ☐
6.	Es kommt nicht oder nur sehr selten vor, dass ich irgendwo bin und nicht mehr weiß, wie ich da hingekommen bin oder was ich dort wollte.	Ja ☐	Nein ☐
7.	Ich bin selten so gedankenverloren, dass ich nicht bemerke, was um mich herum geschieht.	Ja ☐	Nein ☐
8.	Ich nehme den Geruch und den Geschmack von Lebensmitteln sehr deutlich wahr.	Ja ☐	Nein ☐
9.	Auch in schwierigen Zeiten erlebe ich Augenblicke inneren Friedens.	Ja ☐	Nein ☐
10.	Ich habe Geduld mit mir und anderen.	Ja ☐	Nein ☐
11.	Manchmal merke ich, wie ich mir selbst das Leben schwermache, und dann kann ich darüber schmunzeln.	Ja ☐	Nein ☐
12.	Ich kann meine Gefühle wahrnehmen und beobachten, ohne in ihnen »hängen« zu bleiben.	Ja ☐	Nein ☐
13.	Ich kann unangenehme Gefühle oft aushalten, ohne ihnen auszuweichen.	Ja ☐	Nein ☐
14.	Es kommt selten vor, dass die Zeit einfach so verrinnt, ohne dass ich bei der Sache bin.	Ja ☐	Nein ☐
15.	Ich bin meistens ganz und gar »da« und mit meiner vollen Aufmerksamkeit bei dem, was ich gerade mache.	Ja ☐	Nein ☐
Angelehnt an: Matthias Wengeroth, Das Leben annehmen, S. 155f.			

Ihre Entwicklungsstufen

Grundsätzlich werden Sie mit fortschreitender Achtsamkeitspraxis folgende Entwicklungsstufen durchlaufen:

1. Sie bemerken immer schneller, dass Ihre Aufmerksamkeit abgedriftet ist.
2. Sie können die Aufmerksamkeit immer länger erhalten und sich besser konzentrieren.
3. Der innere Gedankenstrom wird ruhiger.
4. Statt sich von Gedanken oder Gefühlen mitnehmen zu lassen, nehmen Sie die Rolle eines Beobachters ein: Sie denken noch nicht nichts, aber Sie nehmen eine Metaposition ein und denken darüber nach, was Sie gerade denken. Das ist schon ein ganzer Schritt weiter.
5. Sie erleben zunehmend längere Phasen von Gedankenstille.
6. Sie entwickeln immer mehr positive Gefühle sich selbst und Ihrem Umfeld gegenüber.
7. Sie gewinnen immer mehr Freiheit und Selbstbestimmtheit. Sie lassen sich immer weniger durch Reize aus Ihrem äußeren Umfeld steuern.
8. Sie können sich schließlich in jeder Lebenslage selbst regulieren und übernehmen den »Vorsitz« in Ihrem Innenleben. Während des gesamten Prozesses haben Sie sich sehr gut kennengelernt und erleben eine Form von Selbsterkenntnis, die fundamental tiefgreifender ist als die auf Basis eines »normalen« Denkprozesses.

Sie sind nicht allein: drei typische Herausforderungen beim Üben der Achtsamkeit

Herausforderung 1:
Sie fühlen sich zu unruhig, um zu meditieren, und finden keinen Anfang

Je stärker Sie sich gerade unter Druck fühlen, umso schwerer wird es Ihnen möglicherweise fallen, im Sitzen mit geschlossenen Augen zu meditieren. Sich trotzdem dazu zu motivieren, gelingt Ihnen nicht. Sie schieben den Vorsatz, sich in Achtsamkeit zu üben, vor sich her.

▶ Lösung: Versuchen Sie gar nicht erst zu sitzen. Probieren Sie es zunächst einmal mit einer Übung, die Ihrer Unruhe entgegenkommt wie beispielsweise »Walzertakt« (mehr dazu in den »Achtsamkeit to go«-Übungen).

Herausforderung 2:
Sie können sich nicht konzentrieren und schweifen ständig mit Ihren Gedanken ab

Sie verlieren sich in Tagträumen, und statt der erhofften »Gedankenstille« erleben Sie eher das Gegenteil: In Ihrem Gehirn geht die Post ab, ein nicht enden wollender Strom teils zusammenhangloser Gedanken poppt immer wieder auf, stört Ihre Konzentration und macht Sie unruhiger als zuvor.

▶ Lösung: Geben Sie sich mindestens zehn Minuten lang eine Chance, es immer noch einmal zu versuchen. Sagen Sie sich innerlich so freundlich wie möglich: »Ich bin abgeschweift«, und machen dann einfach weiter, indem Sie sich wieder auf Ihr Meditationsobjekt, z. B. den Atem, konzentrieren. Meist dauert es ca. zehn Minuten, bis es uns gelingt, umzuschalten und »runterzukommen«. Nachdem Sie das einige Male erfahren haben, wird es Ihnen immer leichter fallen, geduldig bei der Sache zu bleiben. Sie wissen dann einfach schon, dass es Ihnen schließlich gelingen wird, und überbrücken die Zeit bis dahin mit mehr Gelassenheit.

Sollten Sie nach zehn Minuten noch nicht zur Ruhe gekommen sein, können Sie eine Pause einschieben, für fünf Minuten eine Gehmeditation einbauen und sich dann wieder hinsetzen und weitermachen. Oft ist es hilfreich, wieder auf eine Basisübung zurückzugreifen und sich beispielsweise über das Zählen der Atemzüge neu zu sammeln.

Herausforderung 3:
Sie haben Fragen, die hier nicht beantwortet werden, kommen nicht so recht voran oder haben Ihre Motivation nach kurzer Zeit verloren

Auch wenn die Meditationsanleitung in diesem Buch so genau wie möglich ist, kann sie eine persönliche Anleitung durch einen erfahrenen Praktiker oder Meditationslehrer natürlich nicht ersetzen. Sobald Fragen auftauchen, auf die Sie keine Antwort finden, dämpft dies häufig die Motivation und die Selbsterforschung verläuft weniger erfolgreich, als dies möglich wäre. Dann fällt es immer schwerer, regelmäßig zu üben, und schließlich lassen Sie es ganz bleiben.

Auch wenn man im Verlauf der Meditation phasenweise unangenehme Gefühle bekommt, lässt die Motivation häufig nach, und viele bringen dann nicht mehr die nötige Selbstdisziplin auf, weil sie diese Empfindungen lieber vermeiden möchten.

▶ Lösung: Suchen Sie sich jemanden, der Sie anleiten kann. Das kann im Einzelkontakt sein oder in einer Meditationsgruppe. Im Einzelkontakt können Sie individuelle Fragen klären, in der Gruppe finden Sie darüber hinaus zusätzlich Möglichkeiten zum Erfahrungsaustausch. Außerdem entsteht in einer Gruppe eine besondere Atmosphäre, die Ihnen tiefere Erfahrungen ermöglicht. Die meisten Meditierenden halten das Meditieren in einer Gruppe für einen der wichtigsten Faktoren, um die Meditationstiefe zu fördern. Gerade wenn Sie an der Weiterentwicklung der Masterkompetenzen interessiert sind, brauchen Sie kontinuierliche und regelmäßige Praxis. Um »dranzubleiben«, hilft es oft, sich Gleichgesinnte zu suchen und mit ihnen einen verbindlichen wöchentlichen Termin auszumachen, an dem Sie gemeinsam meditieren. Um in den tieferen Erfahrungsbereich der drei Masterkompetenzen vorzudringen, reichen die meist kurzen Übungszeiträume im Alltag oft nicht aus. Dann kann es helfen, an mehrtägigen Meditationskursen in dafür eingerichteten Zentren teilzunehmen, wie beispielsweise der von mir geschätzte Vipassana 10-Tage-Kurs. Es gibt aber auch zahlreiche kürzere Angebote, keine Sorge.

Warum es so schwerfällt, die Aufmerksamkeit zu fokussieren: der Default-Modus

Das Gehirn kennt keine Pause. Es arbeitet immer. Manchmal aber fundamental anders als sonst. Während Ihrer Versuche, sich in den Übungen voll auf Ihren Atem zu konzentrieren, werden Sie immer wieder erleben, dass eine ganze Flut von Gedanken in Ihnen auftaucht: Erinnerungen, Pläne für die Zukunft, wilde Assoziationen, Vorstellungen, Fantasien. Und schon ist es passiert, Sie driften ab und verlieren sich in Tagträumen. Warum ist das eigentlich so?

Erst seit jüngster Vergangenheit beschäftigt sich die Wissenschaft mit der Frage, warum unser Geist so sprunghaft und rastlos ist. Die Antwort: Weil unser Gehirn auf den Default-Modus umschaltet, wenn wir zur Ruhe kommen. Dann schweifen die Gedanken leicht ab und die Konzentration geht verloren, etwa beim Lesen eines Buches. Unsere Augen »kleben« dann zwar an den Zeilen, nicht aber unsere Konzentration. Und am Ende einer Seite fragen wir uns: Was war eigentlich der Inhalt?

Immer wenn wir uns mit uns selbst beschäftigen, wenn uns eine Situation nur Routinehandlungen abverlangt und wir keine konkrete Aufgabe zu lösen haben – also immer, wenn wir noch geistige Ressourcen übrig haben, dann wird der Default-Modus aktiviert und das Hirn nutzt die aktuell nicht abgefragten geistigen Kapazitäten zur Beschäftigung mit uns selbst.

In der Ruhephase können Informationen vorsortiert und damit leichter verarbeitet werden. Diese Pausen führen also nicht zum Faulenzen, sondern zum besseren Strukturieren. Und dadurch reduziert sich der Spannungsgrad, und unser Gehirn kann wieder klarer denken. Kreative Ergebnisse lassen sich ja nicht unter Druck erzeugen, sondern oft in solchen »Ruhephasen«, wo der Autopilot ungestört rechnen kann.

Vielleicht kommt uns deshalb so manches »Heureka« gerade dann in den Sinn, wenn das Gehirn nichts anderes zu tun hat, als sich ziellos selbst zu beschäftigen – unter der Dusche, beim Rasenmähen, beim Geschirrabtrocknen ...

Diese »Innen-Beschäftigung« hat allerdings auch ihre Kehrseite: Wenn die Gedanken wie eine hängen gebliebene Schallplatte immer wieder ums eigene Ich kreisen und uns in eine Art Selbstreflexionsmühle zwingen, verschleißt dies Kraft und macht unglücklich.

Und wenn Sie sich bei einer Aufgabe konzentrieren müssen, um sie gut zu erledigen, wirkt jedes Abschweifen von der eigentlichen Beschäftigung kontraproduktiv.

Während wir unsere gesamte Aufmerksamkeit in der Achtsamkeitsmeditation auf den gegenwärtigen Moment richten, unterbinden wir die Aktivität des Default-Modus.

Also auf geht's: Weiterüben!

»Menschen, die Muße und Ruhe nicht kennen, führen auch im Reichtum ein armes Leben.«
Unbekannt

6. Achtsamkeit to go für jede Gefühls- und Lebenslage

Grundsätzlich können Sie Achtsamkeit immer und überall praktizieren, jede Tätigkeit, die Sie sowieso ausführen, ist dafür geeignet. Essen, duschen, gehen, Auto fahren, ganz gleich, was Sie tun, Sie können es achtsam tun, also mit voller Aufmerksamkeit bei der Sache ohne ablenkende Gedanken an irgendetwas anderes.

Durch die Übungen zu den Basis- und Masterkompetenzen sind Sie darin geschult, auch bei alltäglichen Verrichtungen zu registrieren, wenn Sie mit Ihrer Aufmerksamkeit abdriften, und den Fokus dann bewusst wieder auf die beabsichtigte Handlung auszurichten. Allerdings ist das Risiko recht groß, gerade in den längst automatisierten Alltagshandlungen mit der Konzentration abzudriften, da unserem Hirn dabei genügend Ressourcen übrig bleiben, um zu tagträumen.

Deshalb zeige ich Ihnen hier eine Menge Übungen und Inspirationen für den Alltag, die zwar nur wenig oder keine Zusatzzeit benötigen (also »to go« durchzuführen sind), aber die Aufmerksamkeit stärker als Alltagshandlungen auf sich ziehen, die Sie dabei unterstützen, sich selbst deutlich zu spüren, und Ihnen dadurch Achtsamkeit und die Verbindung mit Ihrer inneren Kraft erleichtern.

Hier finden Sie für jede Gefühls-und Lebenslage eine Übung.

Gut zu wissen

Verstehen Sie das Übungsangebot als ein für Sie aufgebautes Buffet, von dem Sie wählen, was Ihnen schmeckt. Um zu entdecken, was Ihnen am besten schmeckt und um also Ihre Lieblingsübung zu identifizieren, empfehle ich Ihnen allerdings, jede Übung mindestens einmal auszuprobieren, damit Sie auf der Basis eigener Erfahrung entscheiden können, ob diese Ihnen liegt oder eher nicht. Mit Sicherheit ist nicht alles nach Ihrem Geschmack, aber irgendetwas wird für Sie dabei sein. Ganz sicher!

Wenn Sie ein Tief haben, aber noch durchhalten müssen, wenn Sie z. B. ins »Mittagsloch« fallen

■ »Zungenfokus«

Wenn es Ihnen schwerfällt, sich zu konzentrieren, wenn Sie müde sind und Sie sich nur schlecht zum Durchhalten einer wie auch immer gearteten Tätigkeit motivieren können, probieren Sie einmal aus, während Ihrem Tun die Spitze Ihrer Zunge an den oberen Gaumen zu legen. Das bündelt Ihren Fokus und Sie können damit noch einmal frische Kraft tanken. Funktioniert immer – außer während Sie sprechen müssen.

Wenn Ihnen alles zu viel wird oder Sie total erledigt sind

■ »Beam me up, Scotty!«

Wählen Sie einen Ort aus, der für Sie in besonderem Maße für Leichtigkeit, Lebensfreude und Gelassenheit steht. Das kann beispielsweise ein Urlaubsort sein, Ihre Lieblingswiese oder was auch immer für Sie der perfekte Platz zum Kraftauftanken ist. Wahrscheinlich können Sie mitten im Tagesgeschäft schlecht einmal kurz dorthin verschwinden. Aber Sie können diesen besonderen Ort und die Gelassenheit, die Sie dort empfinden, überallhin mitnehmen, indem Sie ihn visualisieren. Dafür stellen Sie ihn sich so bildlich vor, dass Sie ihn riechen können, spüren und hören. Vielleicht finden Sie auch einen portablen Gegenstand, der symbolisch für diesen Ort steht. Beamen Sie sich in der größten Hektik gedanklich an diesen Ort, an dem Ihnen niemand etwas anhaben kann. Wenn Sie einen symbolischen Gegenstand haben, berühren Sie ihn, um sich das Wegbeamen zu erleichtern. Wenn Sie inmitten des Chaos an Ihren Ort denken, werden Sie plötzlich ruhig. Es ist ein wenig so, als würden Sie mit einem Hubschrauber über dem Durcheinander kreisen. Von dort oben lässt sich leichter erkennen, dass meist keine echte Katastrophe passiert ist, und Sie können erleichtert lächeln.

Wenn Sie unter Druck geraten und Angst bekommen

■ »Muskel-Hirn-Trick«

Wenn Sie in Stress kommen oder immenser Druck schon fast zu Panik führt, spannen sich dabei immer auch die Muskeln an. Viele Menschen merken gar nicht, wie verspannt sie sind. Ein entspannter Körper entspannt automatisch auch den Geist. Wenn Ihre Muskeln entspannt sind, ist es für Ihr Gehirn unmöglich, gleichzeitig angespannte Gedanken zu denken! Die Entspannung gelingt am leichtesten, wenn Sie im ersten Schritt zunächst einmal anspannen: Stellen Sie sich also für einen Moment hin, atmen Sie tief ein, winkeln Sie Ihre Ellenbogen an, ziehen Sie den Kopf so zwischen die Schultern, dass sich Ihr Hals kürzer als normal anfühlt, und spannen Sie gleichzeitig die Fäuste, die Arme, den Po und die Oberschenkel an. Pressen Sie dabei die Lippen fest aufeinander, ziehen Sie die Augenbrauen kräftig zusammen und halten Sie die Spannung und den Atem an, solange Sie können. Zählen Sie dabei bis mindestens 10, dann lassen Sie alles gleichzeitig los und atmen dabei kräftig aus. Wiederholen Sie diese Übung noch zwei weitere Male.

Wenn Sie traurig oder verzweifelt sind, wenn Sie zu viel grübeln und unangenehme Gedanken aus dem Kopf bekommen wollen

■ »Untergrund«

Wann sind Sie zum letzten Mal barfuß gegangen? Tun Sie es wieder einmal! Spüren Sie bewusst taufeuchtes Gras, sonnenwarmen Stein oder raues Holz unter Ihren nackten Füßen. Das holt Sie sofort in die Gegenwart!

■ »Was ist JETZT?«

Wenn wir in Grübeleien und im Gefühlswirrwar feststecken, sind wir mit unserer Aufmerksamkeit in den Untiefen unserer Innenwelt und bemerken oft nicht mehr viel von unserer Umwelt. Wir gehen von A nach B mit hängendem Kopf, die Augen defokussiert im Nirgendwo.

Um aus diesem Zustand schnell und effektiv herauszukommen, heben Sie bewusst den Kopf, schauen sich um und fokussieren sich auf die Dinge in Ihrer Umgebung, die Sie sehen, riechen oder hören können. Benennen Sie die Dinge, die Sie eindeutig wahrnehmen können: »Da fliegt ein Vogel«, »Da drüben sitzen drei Menschen auf einer Bank«, »Der frisch geputzte Boden riecht nach Zitrone«.

Wenn Sie Ihre Aufmerksamkeit auf eindeutige Sinneswahrnehmungen richten, ist Ihr Gehirn nicht in der Lage, gleichzeitig zu grübeln, zu trauern oder was auch immer sonst. Sie holen sich damit ins »Jetzt« und unterbrechen auf diese Weise Gedanken und Gefühlsschleifen.

Sie können als Variante dieser Technik auch bewusst an etwas stark Riechendem schnüffeln, das alles andere für einen Moment überlagert. Mein Favorit: schwarzer Pfeffer frisch gemahlen. Oder Sie trinken einige Schlucke von etwas Kaltem, essen etwas Scharfes, beispielsweise ein Pfefferminzkaugummi oder ein Stück einer Chilischote. Probieren Sie es aus, Sie werden sehen, es funktioniert.

■ »Wenn das Handy einmal klingelt«
Lassen Sie sich von Ihrem Mobiltelefon daran erinnern, einmal kurz innezuhalten, Ihre Gedanken und Ihre Gefühlslage zu überprüfen, einige tiefe Atemzüge zu nehmen, 10 Atemzüge lang zu meditieren oder wie bei »Was ist JETZT?« Ihre Umgebung bewusst wahrzunehmen.

Stellen Sie sich dazu den Wecker ein, je nach Umständen gegebenenfalls nicht mit einem Ton-, sondern nur mit einem Vibrationssignal. Probieren Sie aus, welche Zeiträume praktikabel für Sie sind: 4-mal am Tag, jede Stunde, einmal am Vormittag, einmal abends ...

■ »Tierisch achtsam«
Ist Ihnen schon einmal aufgefallen, wie Tiere uns Menschen automatisch dazu bringen, ganz entspannt »im Hier und Jetzt« unterwegs zu sein? Ob Sie spielenden Hunden zusehen oder eine Katze bei der ausführlichen Körperpflege beobachten, ob Sie ein Tier streicheln, es füttern, mit ihm toben, ihm ein Kunststück beibringen oder mit ihm gemeinsam die Natur genießen, der Umgang mit Tieren entspannt

nachweislich, senkt den Blutdruck und lenkt unsere Aufmerksamkeit ins »Jetzt«. Tiere sind gute Vorbilder für das, was wir in der Achtsamkeitspraxis lernen können: Sie machen sich keine Sorgen um morgen und hängen nicht am Gestern.

Das ist mit ein Grund, warum ich ein Pferd und einen Hund habe, auch wenn es Zeit und Mühe kostet: Weil ich mir keine bessere Kraftquelle vorstellen kann. Aber keine Sorge: Sie müssen sich nicht gleich ein Tier anschaffen, um von dessen Auswirkung auf Ihre innere Ausgeglichenheit zu profitieren, gönnen Sie sich einfach immer dann einige Momente, sich mit einem Tier zu befassen, wann immer Sie Gelegenheit dazu haben.

■ »Labeling«

Geht es Ihnen auch manchmal so, dass Sie zwar wissen, dass Sie sich gerade »unrund« fühlen, aber nicht benennen könnten, was Sie eigentlich gerade umtreibt? Häufig fühlen wir recht undifferenziert und verpassen dabei die Chance, unsere Gefühle besser in den Griff zu bekommen. Denn auch bei Gefühlen gilt: »Selbsterkenntnis ist der erste Schritt zur Besserung.« Ich höre von meinen Coachingklienten oft, sie wären wütend oder frustriert. Häufig steht aber ein ganz anderes Gefühl dahinter, beispielsweise Angst, Trauer, sich abgekanzelt fühlen etc.

Die folgende Liste mit diversen Gefühlen und Stimmungen unterstützt Sie dabei, Ihre Gefühle differenzierter zu kategorisieren und damit auflösen zu können. Denn wenn wir einem Gefühl ein spezifisches Etikett geben und es klar benennen können, reicht dies häufig schon, das Gefühl sich auflösen zu lassen. Nach dem Motto: Erkannt – gebannt. Der Fachbegriff dazu heißt »Labeling«, und Matthew Lieberman von der University of California hat in seinem Buch »Search inside yourself« untersucht, dass beim Benennen von Gefühlen die Aktivität in dem Teil des Cortex erhöht wird, der als »Bremspedal« des Gehirns gilt, und dass bei diesem »Labeling« von Emotionen die Aktivität der Amygdala heruntergefahren wird. Das bedeutet: Schon das Benennen von Empfindungen hilft bei der Bewältigung dieser Emotion und sorgt dafür, dass wir aus Grübelschleifen aussteigen können.

Wenn also demnächst wieder einmal ein Gefühl in Ihnen aufsteigt, das Sie als unangenehm empfinden, »labeln« Sie es! Sagen Sie sich einfach: »Ich bin traurig, wütend, eifersüchtig, neidisch ...«, und gehen Sie dann wieder zur Tagesordnung über.

»Gefühlsliste« zum Benennen Ihrer Gefühle		
positiv ☺	neutral ☺	negativ ☹
Akzeptiert	Anders	Abgelehnt
Anerkannt	Aufgeregt	Abgekanzelt
Ausgeglichen	Aufgewühlt	Abgewiesen
Ausgeruht	Bemitleidet	Aggressiv
Befriedigt	Beneidet	Allein
Begehrt	Berührt	Angegriffen
Begeistert	Bestürmt	Ängstlich
Begünstigt	Betroffen	Antriebslos
Behaglich	Demütig	Ärgerlich
Beschwingt	Durcheinander	Ausgebrannt
Bewundert	Enthemmt	Ausgenutzt
Einig mit mir und der	Ergriffen	Ausgespannt
Welt	Erregt	Ausgestoßen
Voller Elan	Erwartungsvoll	Bedrängt
Voller Energie	Fahrig	Bedroht
Entspannt	Gebunden	Bedrückt
Erhaben	Geduldet	Beleidigt

Erleichtert	Gefährdet	Benachteiligt
Fit	Gefasst	Bestraft
Frei	Gefordert	Betrogen
Froh	Gehemmt	Benutzt
Fröhlich	Gelangweilt	Blamiert
Ganz	Gerührt	Bloßgestellt
Geachtet	Gespannt	Eifersüchtig
Gelassen	Gewachsen	Einsam
Geliebt	Hin- und hergerissen	Empört
Gelöst	Hochmütig	Entehrt
Gemocht	Kontrolliert	Enttäuscht
Gesund	Kribbelig	Entwertet
Hoffnungsvoll	Matt	Freudlos
Interessiert	Misstrauisch	Gedemütigt
Klar	Mitleidig	Gehänselt
Kraftvoll	Müde	Gehasst
Lebendig	Nervös	Gehetzt
Leicht	Privilegiert	Gekränkt
Liebevoll	Ruhig	Genervt
Lustig	Schadenfroh	Gereizt
Lustvoll	Schüchtern	Gestört
Mitfühlend	Trotzig	Gestresst
Mutig	Überlegen	Getäuscht
Neugierig	Überrascht	Gewöhnlich
Optimistisch	Unruhig	Krank
Schwungvoll	Unschuldig	Kritisiert
Selbstbewusst	Unsicher	Kummervoll
Sicher	Verantwortlich	Lebensmüde
Stark	Verblüfft	Leer
Stolz	Verdutzt	Lustlos
voller Sympathie	Verführt	Melancholisch
Triumphierend	Verlegen	Minderwertig
Verbunden	Verpflichtet	Missbraucht
Verliebt	Vertraut	Missgünstig
Verstanden	Verwirrt	Mutlos

Vertrauensvoll	Verwundbar	Neidisch
Wertvoll	Verwundert	Niedergeschlagen
Wohl	Vorgezogen	in Not
Wohlwollend	Wach	Pessimistisch
Zufrieden	Weich	Platt
Zugehörig	Wild	Rachsüchtig
Zuversichtlich	Willenlos	Ratlos
	Wissbegierig	Sauer
	Wollüstig	Voller Schmerz
	Zerbrechlich	Schuldig
	Zweifelnd	Schwach
	Zwiespältig	Schwer
		Sorgenvoll
		Traurig
		Unbeliebt
		Ungeduldig
		Ungeliebt
		Unter Druck
		Unterdrückt
		Unterlegen
		Unverstanden
		Unzufrieden
		Verachtet
		Verarscht
		Verkannt
		Verklemmt
		Verkrampft
		Verletzlich
		Verletzt
		Verraten
		Weinerlich
		Wertlos
		Wütend
		Zerrissen
		Zerstört
		Zornig

Wenn Sie unruhig oder total aufgeregt sind

■ »Im Walzertakt«

Diese Miniübung können Sie immer dann in Ihren Alltag einbauen, wenn Sie irgendwohin gehen: vom Arbeitsplatz zur Toilette, in die Kantine, zum Auto ... Sie ist gut geeignet, um zur Ruhe zu finden, wenn Sie zu »hibbelig« sind, um stillzusitzen. Beim Gehen halten Sie einen einfachen Rhythmus ein: Sie atmen auf 4 ein und gehen dabei 4 Schritte. Bei der Ausatmung zählen Sie auf 5 und begleiten mit Ihrem Atem 5 Schritte. Dabei ergibt sich ein Rhythmus, der mich an einen Walzer erinnert: Bei jedem neuen Einatmen beginnen Sie Ihre Schritte mit dem jeweils anderen Fuß. Wenn Sie mit Ihrem Einatmen beim Zählen auf 4 an Ihre Grenzen kommen, können Sie es auch mit einer Zahl weniger versuchen; also auf 3 einatmen, verbunden mit 3 Schritten, und auf 4 ausatmen, wieder von 4 Schritten begleitet. Mit der Zeit wird sich Ihr Atemvolumen erweitern, dann können Sie mit höheren Zahlenwerten experimentieren, beispielsweise auf 5 einatmen, auf 6 ausatmen. Oder Sie vertiefen Ihren Ausatem um einen Zahlenwert mehr: auf 4 einatmen und auf 6 oder gar 7 ausatmen. Je vertiefter Ihr Ausatmen, umso stärker der Ruheeffekt. Gehen Sie dabei aber nicht über Ihre Grenzen. Nutzen Sie nur die Bandbreite, die Ihnen noch leichtfällt, und gehen Sie schrittweise vor.

Um sich noch stärker zu fokussieren und die Gedanken noch effektiver einzudämmen, können Sie diese Übung gleichzeitig zusätzlich mit »Aufzug fahren« (s. unten) kombinieren. Dies gelingt erfahrungsgemäß am besten, wenn Sie auf »4« einatmen: Sie beginnen dann das Einatmen in Kombination mit der Wahrnehmung Ihrer Fußsohlen und verbinden alle Stationen mit Ihrem Atem und Ihren Schritten bis zum Scheitel, beim Ausatmen fahren Sie wieder abwärts.

■ »Aufzug nach innen«

Zum Auftakt einer Meditationssitzung oder im Alltag während einer kurzen Wartezeit können Sie diesen »Minibodyscan« gut nutzen, um sich wieder mit sich selbst zu verbinden und eine gute Basis zu schaffen, bei sich anzukommen, wenn Sie unruhig sind. Sie können sowohl im Sitzen als auch im Stehen, Gehen oder Liegen »Aufzug fahren«.

Dazu schließen Sie die Augen oder schauen, falls das in der jeweiligen Situation nicht passend ist, defokussiert auf den Boden ca. einen halben Meter vor sich.

Der »Aufzug« hat vier Stationen:

1. Nehmen Sie Ihre Fußsohlen wahr. Beobachten Sie von innen heraus, wie Ihre Füße Kontakt zum Boden und Ihren Schuhen haben, welche Stellen Sie mehr oder weniger wahrnehmen, und konturieren Sie gedanklich Ihre einzelnen Zehen. Um diese besser spüren zu können, können Sie sie leicht bewegen.
2. Fahren Sie mit Ihrer Wahrnehmung aufwärts und verorten Sie einen Punkt oberhalb oder unterhalb Ihres Bauchnabels auf der Oberfläche Ihrer Haut oder eher im Inneren Ihres Bauches, der für Sie Ihre innere Mitte repräsentiert.
3. Gehen Sie mit Ihrer Aufmerksamkeit zu Ihrer Nase und dem Gefühl des Atems am Naseneingang.
4. Wechseln Sie zu dem Punkt an Ihrem Hinterkopf bzw. Scheitel, der Sie maximal gerade ausrichten würde, wenn Sie daran wie eine Marionette aufgehängt wären.

Verweilen Sie bei den ersten Versuchen bei jeder Station für einige Atemzüge. Dann versuchen Sie die einzelnen Stationen zu einer flüssigen »Fahrt« zu verbinden: Beim Einatmen streifen Sie nacheinander mit Ihrer Aufmerksamkeit die Fußsohlen, die Mitte, den Naseneingang und den Scheitelpunkt, beim Ausatmen fahren Sie abwärts, bis Sie wieder bei den Fußsohlen angekommen sind. Dazu nehmen Sie dann nur noch die Fußsohlen insgesamt in den Fokus, nicht mehr jeden einzelnen Zeh etc.

Den meisten Menschen fällt die Übung zunächst im Sitzen oder Stehen am leichtesten, im Gehen ist sie am herausforderndsten. Beim Gehen nehmen Sie nur noch jeweils diejenige Fußsohle in den Aufmerksamkeitsfokus, die gerade am Boden ist. Dann geht es auch im Gehen leicht.

■ »Aufzug advanced«
Bald werden Sie Ihre »Lieblingsstation« entdecken, eine der vier Stationen, die Sie am besten wahrnehmen können und die Ihnen einfach am sympathischsten ist. Versuchen Sie Ihre Aufmerksamkeit auf dieser Station zu halten und gleichzeitig Kontakt mit Ihrer Umwelt aufzunehmen.

Steigern Sie nach und nach den Schwierigkeitsgrad: Zunächst einmal nur, indem Sie sich umschauen und die Gegenstände und Personen in Ihrem Umfeld registrieren, während Sie gleichzeitig Ihren Fokus auf Ihrer Station haben. Dann, indem Sie Augenkontakt mit einem Mitmenschen aufnehmen, im nächsten Schritt, während Sie jemandem zuhören, und schließlich auch, während Sie selbst sprechen.

Wenn Ihnen das gelingt, bauen Sie die Kompetenz, bei sich bleiben zu können, weiter aus, indem Sie während der Interaktion mit Menschen in Ihrem Umfeld alle Stationen »fahren«, immer hoch und runter, verbunden mit Ihrem Atem.

Probieren Sie die Übungsschritte zunächst in unaufgeregten Interaktionen aus. Bald gelingt es Ihnen auch in emotional aufgeladenen Situationen, mit sich selbst verbunden zu bleiben. Ihr Nutzen: Sie geraten weniger leicht außer sich, behalten mehr Energie für sich und können aus diesem gesammelten Zustand heraus bessere Entscheidungen treffen und Ihr Tun frei wählen, statt nur im Autopilot zu reagieren.

Die meisten Menschen berichten in meinen Seminaren nach diesen Übungsschritten, dass sie gesammelter und präziser zuhören können, und bekommen das Feedback, dass sie beim Sprechen auf diese Weise klarer, überzeugender und charismatischer wirken.

Versuchen Sie auch einmal, sich während einer Präsentation mit Ihrem favorisierten Punkt zu verbinden, also gleichzeitig während des Präsentierens eine oder mehrere Stationen wahrzunehmen. Bei meinen Vorträgen und Seminaren fokussiere ich mich meist auf meine Fußsohlen. Seitdem ich dies tue, habe ich am Ende des Tages spürbar mehr Energie übrig, und Lampenfieber gehört der Vergangenheit an.

Wenn Sie Ihre Stimmung verbessern wollen, weil Ihnen etwas die Laune verhagelt hat

■ »Lächeln inside«

Wenn Sie Ihre Stimmung verbessern möchten, lassen Sie bewusst ein Lächeln in sich entstehen. Das geht so: Lenken Sie Ihre gedankliche Aufmerksamkeit auf eine kürzlich erlebte Situation, die Sie glücklich gemacht hat, oder auf einen Menschen, der in Ihnen die Sonne aufgehen lässt. Es kann auch ein geliebtes Haustier sein. Lassen Sie so viele Details wie gerade möglich vor Ihrem inneren Auge entstehen. Achten Sie dabei auf das Gefühl in Ihrem Körper, wenn innerlich ein auch noch so kleines Lächeln aufsteigt. Richten Sie Ihren Fokus auf das Gefühl, wie Sie sich dabei emotional öffnen und Ihre Stimmung heller wird. Wenn das Lächeln bis in Ihr Gesicht steigen mag, bitte gern :-).

■ »Glückliche Zehen«

Ich kenne eine Psychotherapeutin, die nachts mit sogenannten »Zehenspreizern« aus Schaumstoff schläft, die die Zehen auseinanderspreizen. Warum macht sie das? Sie weiß, was Sie auch gleich wissen werden: Wenn Menschen glücklich und zufrieden sind, spreizen sie automatisch die Zehen und bewegen sie genüsslich hin und her. Da unser Gehirn nicht zwischen Ursache und Wirkung unterscheiden kann, ist es ihm egal, ob sich Ihre Zehen spreizen, weil Sie glücklich sind, oder ob Sie glücklich sind, weil Sie bewusst Ihre Zehen spreizen. Wenn Sie Ihre Zehen spreizen und bewegen, »denkt« Ihr Gehirn: »Moment mal, die Zehen sind gespreizt, Frauchen (Herrchen) scheint glücklich zu sein, also jetzt mal schnell die entsprechenden Botenstoffe rausschicken.« Und schon fühlen Sie sich tatsächlich glücklicher. Funktioniert auch mit einem breiten Grinsen: Wenn Sie Ihren Mund aktiv in eine Lächelposition bringen, werden nach 60 Sekunden die entsprechenden Botenstoffe ausgeschüttet und Sie fühlen sich besser, selbst wenn Ihnen überhaupt nicht zum Lächeln zumute war.

Wenn Sie geladen und gereizt sind

■ »Fernsehkanal wechseln«

Stellen Sie sich vor, Ihre Gefühle seien Fernsehsender. Wenn bei Ihnen mal wieder der Grollkanal läuft, stellen Sie sich mit vollem Bewusstsein vor, wie Sie den Kanal wechseln. Wählen Sie beispielsweise die Kanäle

Dankbarkeit, Schönheit, Liebe und Erfolg. Empfangen Sie den Schönheitskanal, indem Sie eine schöne Landschaft oder die Gesichter froher Menschen im Alltag wahrnehmen oder eigens suchen. Den Dankbarkeitskanal erreichen Sie, indem Sie sich fragen: »Wofür kann ich heute dankbar sein?« Das kann eine Kleinigkeit sein wie beispielsweise, dass der Kollege Ihnen die Aufzugstür aufgehalten hat, als Sie mit den Händen voll von Akten es beinahe nicht mehr geschafft hätten, den Aufzug zu erreichen. Lassen Sie gedanklich oder wenn möglich »in echt« die passende Musik dazu laufen.

Wenn Sie nicht einschlafen können

■ »Atemzüge zählen«

Statt klassisch »Schäfchen zu zählen«, funktioniert es erfahrungsgemäß viel besser, Atemzüge zu zählen. Wie schon bei der Basisübung 4 und den passenden Varianten beschrieben, konzentrieren Sie sich auf Ihren Atem – zählen Sie jedes Einatmen und Ausatmen. Auch das Zählen in Zehner-Päckchen ist hilfreich, da etwas anspruchsvoller. Sollten Sie irgendwann nicht mehr wissen, wo Sie gerade beim Zählen sind – sehr gut, das ist in dieser Lebenslage natürlich in Ordnung, denn Sie sollen sich ja entspannen, zur Ruhe kommen, Ihre Grübeleien sollen verdrängt werden und Sie entspannt in den Schlaf hinübergleiten.

■ »Anapana«

Liegen Sie entspannt und konzentrieren Sie sich intensiv auf Ihren Atem, nehmen Sie einfach nur wahr, wie der Atem verläuft über das kleine Dreieck unterhalb der Nasenlöcher, oberhalb der Oberlippe, begrenzt durch die Linien, die links und rechts der Nasenflügel zu den Mundwinkeln verlaufen. In dieser Einschlafsituation ist das »Wegdriften« dabei selbstverständlich erwünscht! (Mehr zu »Anapana« finden Sie auch im nächsten Kapitel.)

Wenn Sie unsicher sind und / oder Lampenfieber haben

■ »Atemtreppe«

Atmen Sie stufenweise in drei Schritten tief ein, danach doppelt so lange aus, also in sechs Stufen. Machen Sie eine kurze Pause, bis die Einatmung von alleine wieder einsetzt, und wiederholen Sie die Übung noch viermal. Das können Sie beispielsweise kurz zwischendurch beim Gang zur Kantine oder ins Nachbarbüro einbauen.

Achtsamkeit, wo auch immer Sie gerade sind

Achtsam beim Gehen

Normalerweise denkt man überhaupt nicht über das Laufen und Gehen nach, es geht alles ganz automatisch. Erst wenn man sich ein Bein gebrochen hat, merkt man, dass Laufen ein ganz schön komplizierter Vorgang ist. Lenken Sie Ihre Aufmerksamkeit einmal auf das Gehen. Suchen Sie sich zunächst eine kleine Gehroute aus, entweder im Wald, Park, Garten oder auch zu Hause in der Wohnung. Gehen Sie langsam. Konzentrieren Sie sich auf Ihren Atem. Achten Sie genau darauf, wie der Atem beim Gehen ein- und ausströmt. Dann fokussieren Sie sich auf den Takt der Schritte und wie sich der Körper dabei anfühlt. Wenn der Geist mal wieder abwandert (zum Beispiel, weil er sich langweilt), lassen Sie das einfach geschehen, bringen Sie aber die Konzentration sanft wieder auf das Gehen. Spüren Sie, wie die Füße den Boden berühren. Fühlen Sie den Druck der Fußfläche und das Abrollen des Fußes. Die Gedanken an andere Dinge werden immer wieder auftreten. Kehren Sie dann mit Ihrer Konzentration immer wieder zum Atem- und Gehvorgang zurück. Gehen Sie insgesamt 10 Minuten.

Achtsam im Auto

Schauen Sie sich vor der nächsten Fahrt zunächst mal Ihren Fahrersitz an und prüfen Sie, ob Sie auf dem Sitz ohne Verkrampfungen das Lenkrad und die »Instrumente« bedienen können. Auf Ihrer ersten Meditationsfahrt machen Sie dann zunächst Folgendes: Sie stellen das Autoradio ab oder legen eine CD mit Entspannungsmusik ein. Atmen Sie tief ein und aus und fahren Sie los. Achten Sie darauf, dass Sie gerade sitzen und die Schultern locker am Körper herunterhängen. Wählen Sie, wenn möglich, unterschiedliche Strecken zur Arbeit und schauen Sie sich mit vollem Bewusstsein an, was Sie auf der Strecke sehen, ob Stadt oder Landschaft. Wenn Sie sich dabei ertappen, an andere Dinge zu denken, wie an den Berufsalltag oder was Sie bei Ankunft noch alles tun müssen, kehren Sie sanft zum Beobachten zurück. Fahren Sie mit Bewusstheit und nehmen Sie jedes andere Fahrzeug, die Menschen, die Schilder und die Landschaft mit vollen Sinnen wahr. Helfen kann auch die Vorstellung, dass Sie die Stadt oder das Dorf, durch das Sie fahren, zuvor noch nie gesehen haben. Erleben Sie die Umgebung als völlig neu und nehmen Sie die Eindrücke in sich auf. Üben Sie dies zumindest einmal in der Woche.

Achtsam beim Duschen

Wenn Sie unter der Dusche stehen, fordern Sie sich selbst auf, alle Einzelheiten dieses Vorgangs genau wahrzunehmen. Sehen Sie sich in der Dusche genau um und schauen Sie sich die Gegenstände und das Wasser genau an. Wenn andere Gedanken auftreten, bringen Sie sich sanft zu dieser Beobachtung zurück. Hören Sie auch genau hin, stellen Sie gegebenenfalls das Duschradio aus, und hören Sie nur auf die unterschiedlichen Sounds, die das Wasser produziert. Und nicht zuletzt: Fühlen Sie, wie die einzelnen Tropfen oder der Strahl auf verschiedenen Stellen Ihres Körpers auftrifft. Wenn Sie es schaffen, eine aufmerksame, nicht wertende Beobachtung dieser Sinneseindrücke für 10 Minuten hinzubekommen, haben Sie bereits eine wertvolle Oase in Ihren Alltag eingebaut, die – regelmäßig besucht – viel für die Absenkung Ihres Stresslevels tun kann.

Achtsam im Job

Es gibt leider nur noch wenige Berufe, insbesondere in großen Unternehmen oder Behörden, die dem Berufstätigen genügend Erholung bieten, um den dauernden Stress zu reduzieren. Während es vor 20 Jahren lediglich das Telefon, Kollegen und Besuche von außen waren, die den Arbeitsalltag neben den täglichen Aufgaben prägten, sind es heute fast in jedem Beruf eine oft unzählige Menge an E-Mails, Fax- und Briefdokumenten sowie komplexere Unternehmens- oder Behördenorganisationen, die den Arbeitsalltag verkomplizieren und meistens erheblich schneller gemacht haben. Die Geschwindigkeit, in der Informationen fließen, hat sich insbesondere durch das Internet und E-Mails erheblich gesteigert. Leider sind damit auch die Erwartungen an ein schnelles

Feedback gestiegen. Immer und immer wieder wird man durch E-Mails und Anfragen in seinem Arbeitsablauf unterbrochen. Natürlich sind viele dieser E-Mails wichtig und man kann sie nicht einfach ignorieren. Senken Sie mit folgender Übung den Stresslevel, der häufig durch die hohe Informationsgeschwindigkeit und die hohen Anforderungen im Beruf entsteht:

Grundsätzlich sollten Sie zunächst darauf achten, auch im Job im »Hier und Jetzt« zu bleiben. Nehmen Sie sich für den nächsten Arbeitstag einmal vor, sich zu notieren, wann immer Sie in Gedanken abschweifen und sich über bereits vergangene Umstände oder Unterlassungen ärgern, zum Beispiel »Warum habe ich gerade nicht anders reagiert, als mein Chef mich kritisiert hat«, »Warum bin ich dem Streit mit dem Kollegen X nicht aus dem Weg gegangen?«, »Warum bin ich immer das Opfer?« etc. Gleiches gilt für Sorgen und Befürchtungen in der Zukunft: »Das schaffe ich doch gar nicht bis morgen«, »Wahrscheinlich nervt mich mein Kollege gleich schon wieder« etc. Werden Sie sich also erst einmal bewusst, wie oft Sie in Gedanken vom Jetzt abweichen. Damit sind natürlich nicht konstruktive Planungen der Zukunft von Projekten etc. oder zum Beispiel die Verbesserung von Arbeitsabläufen aufgrund von bestimmten Lehren aus der Vergangenheit gemeint. Hier geht es um – auch aus Ihrer Sicht – unnötige Ausflüge Ihres Verstandes in die Vergangenheit und die Zukunft. Gelingt es Ihnen durch bewusste Konzentration auf Ihre gerade fällige Arbeit, sich immer und immer wieder von den Abschweifungen zurück ins Jetzt zu holen, haben Sie schon einmal viel gewonnen: nämlich Zeit. Zum anderen belasten Sie sich mit weniger inneren Stressoren.

»Hab Mut,
deinem Herzen
und deiner Intuition
zu folgen. Irgendwie
ist das der richtige
Weg.«
Steve Jobs

7. »Vipassana«

Wenn Sie auf den Geschmack gekommen sind und Ihre Achtsamkeits-fähigkeiten in einem anderen Umfeld und unter Anleitung erweitern möchten, kann ich Ihnen einen Aufenthalt in einem »Vipassana-Retreat« wärmstens empfehlen. Hier schildere ich Ihnen meine Eindrücke während meiner ersten Vipassana-Erfahrung.

Das Vipassana-Retreat

Ich konnte mir jahrelang nicht vorstellen, mich ruhig hinzusetzen und »nichts zu tun«, schließlich habe ich wichtigere Arbeit! Und dann dach-te ich: »Och, auf den Atem konzentrieren, das kann ja nicht so schwer sein, das kann ich doch auch während der Arbeit machen.« Richtig gut hat das allerdings nicht funktioniert und es gelang mir nicht, so regel-mäßig dranzubleiben, wie ich mir das gewünscht hätte. Aber schon die ersten kleinen Erfahrungen machten mich sehr neugierig.

Sechs Jahre lang liebäugelte ich damit, einen ordentlichen Medita-tionskurs zu machen, um die Technik endlich richtig zu erlernen. Immer wieder kam etwas dazwischen, was mir wichtiger erschien. Aber als ich dann nach Jahren der Verausgabung kurz vor einem Nervenzusam-menbruch stand, war ich dann endlich so weit und habe mich zu einem 10-tägigen Vipassana-Retreat angemeldet. Diese Erfahrung möchte ich – ganz offen und ehrlich – mit Ihnen teilen.

Mein Vipassana-Tagebuch

Gespannt auf den Kurs reiste ich nach Thüringen nahe der bayrischen Grenze. Das Gelände liegt sehr abgeschieden, weit und breit keine Häuser, keine Menschen. Am Anreisetag konnten wir uns noch kurz mit den ca. 100 Mitstreitern, zur Hälfte Männer, zur anderen Hälfte Frauen, bekannt machen und uns austauschen. Dann aber wurde mit einem Gongschlag das sogenannte »edle Schweigen« eingeleitet. Ab sofort bis zum Ende der zehn Tage wurde geschwiegen und jeder sollte »ganz bei sich« bleiben, also auch nicht durch Lächeln oder Körpersprache Kontakt mit den anderen aufnehmen.

Um dies zu erleichtern, wurden die Frauen und Männer voneinander separiert und kamen nur in der Meditationshalle zusammen, die Männer links, die Frauen rechts, alle schweigend. Unsere Mobiltelefone und unseren Autoschlüssel hatten wir abgegeben und es gab weder TV noch Radio oder Internet. Wir hatten uns schon bei der Anmeldung dazu bereit erklärt, die Regeln einzuhalten, die unter anderem auch besagten, nicht zu lesen, zu schreiben, irgendwelche sportlichen Übungen zu machen oder auch nur andere »Techniken« auszuüben wie beten, singen oder Ähnliches. Auch sollte das Gelände nicht verlassen werden. Nicht einmal mit essen konnte man sich wirklich ablenken; es war lecker, aber die letzte Mahlzeit kam schon um 11 Uhr ...

1. Tag:

Am ersten Morgen schlug – wie an jedem anderen Morgen auch – um 3.30 Uhr der Gong für die erste gemeinsame Meditationssession um 4 Uhr in der Meditationshalle. Da saß ich nun in einer Reihe mit einigen anderen, viele Reihen hintereinander. Vorne der Meditationslehrer, der uns erklärte, was zu tun war.

Wir begannen mit Anapana: Wir sollten unseren Atem beobachten und registrieren, wo und wie genau er zu spüren ist. Eine ganze Stunde lang! Und nach einer kurzen Unterbrechung zum Frühstück wieder. Und nochmals nach dem Mittagessen, immer wieder, den ganzen Tag. Wir sollten immer wieder mit unserer Aufmerksamkeit zu unserem Atem zurückkehren, wenn wir feststellten, dass wir in irgendwelchen Gedanken hängen geblieben waren. Das kam sehr oft vor, nicht immer habe ich es überhaupt gemerkt, dass ich begann, tagzuträumen. Immer und immer wieder wurden wir daran erinnert, uns wieder dem Atem zuzuwenden. Schon am ersten Tag wollte ich nach Hause! Ich empfand diese scheinbar so einfache Aufgabe als furchtbar anstrengend.

Abends dann ein Vortrag zur Technik, dem wir schweigend lauschten. Wir wurden unter anderem darauf hingewiesen, dass wir uns keine Sorgen machen sollten, wenn wir feststellen würden, dass unsere negativen Gedanken sehr laut werden würden, und dass wir nicht befürchten müssten, zu Fieslingen zu mutieren, weil wir extrem schlecht über andere und uns selbst denken würden. Das wäre normal und aufgrund der fehlenden Ablenkung würden wir den immerwährenden Gedankenstrom jetzt einfach nur bewusst mitbekommen.

2. Tag:

Ja, allerdings! Am zweiten Tag habe ich beispielsweise über meine Nachbarin gedacht: »Du blöde Kuh! Kannst du nicht eine andere Hose anziehen? Eine, die nicht so doof raschelt? Ich kann mich so nicht auf meinen Atem konzentrieren! Verdammt nochmal!« Da war ich immer noch ziemlich »außer mir« ... Abends wie erschlagen ins Bett. Ich hätte nicht gedacht, dass man so fertig vom »Nichtstun« sein kann.

Jeden Abend wollte ich in mein Auto steigen und einfach abhauen, aber ich hatte ja meinen Schlüssel abgegeben. Jetzt wusste ich auch, warum. In einem Abendvortrag wurde uns erklärt, warum es so wichtig sei, das Gelände nicht zu verlassen: Der Prozess, den wir gerade durchliefen, sei wie eine Operation am offenen Gehirn, wir sollten bitte Verständnis haben, dass sie uns nicht einfach vom OP-Tisch springen und weglaufen lassen könnten. Natürlich konnte man gehen, wenn man unbedingt wollte, und einige haben auch abgebrochen.

3. Tag:

Aber ich bin dageblieben ... Nachdem ich am dritten Tag eine mir sehr sympathische Frau angelächelt und mit den Augen gerollt habe, kam gleich eine »Aufseherin« zu mir, fasste mich am Arm und erinnerte mich daran, dass ich ganz bei mir bleiben solle. Boah! Ich war richtig wütend und verfiel kurzzeitig in den Trotz eines kleinen Kindes: »So eine doofe Frau! Fass mich nicht an! Ich bin erwachsen und kann lächeln, mit wem ich will und wann ich will!«

Dann ist mir aber Folgendes aufgefallen: Ich selbst hatte mein Commitment zur Befolgung der Regeln abgegeben! Mir wurde bewusst, dass ich schon an anderen Stellen meines Lebens trotzig reagiert habe, dass ich mir dabei schon öfter einmal eine Situation zerschossen habe und dass Trotz eine meiner »inneren Leitmelodien« ist. Das war eine wichtige Erkenntnis für mich. Ich kam wieder runter, fing mich wieder und blieb dort, so wie ich es mir selbst versprochen hatte.

Ab dem 4. Tag:

Am vierten Tag wurde es besser, ich konnte es zeitweise sogar richtig genießen, mich in Anapana zu üben, also einfach nur wahrzunehmen, wie der Atem verläuft über das kleine Dreieck unterhalb der Nasenlöcher, oberhalb der Oberlippe, begrenzt durch die Linien, die links und rechts der Nasenflügel zu den Mundwinkeln verlaufen.

Ich fing auch an zu genießen, unter so vielen Menschen einfach nur mit mir zu sein. Es erschien mir geradezu entlastend, nicht jeden anlächeln zu müssen und keine Gespräche zu führen, vor allem keine Problemgespräche. Mir fiel auf, wie energieraubend es sein kann, in einer Art »Sprechdurchfall« immer wieder die gleichen Probleme zu besprechen – in Wirklichkeit verfestigen sie sich dadurch geradezu. Mir wurde auch bewusst, dass es anstrengend sein kann, jeden Menschen jederzeit mit einem freundlichen Lächeln bedenken zu müssen, man ist ja schließlich gut erzogen und schon die reine Höflichkeit gebietet ein Lächeln. Und dazu kommen dann ja üblicherweise ein paar Worte, und als höflicher Mensch hört man natürlich auch zu, und so weiter und so weiter. Dabei – so wurde mir jetzt bewusst – ist es mir nicht immer gelungen, meine Energie bei mir zu behalten, und viel zu viel davon zerstreute sich in sinnlosen Gesprächen und Höflichkeitsbezeugungen.

Es war eine großartige Erfahrung, von der ich heute noch profitiere. Als ich am vierten Tag bei Sonnenaufgang aus der Meditationshalle kam, fiel mein Blick auf den Boden rechts neben mir: Glitzernde Tautropfen im Gras trieben mir vor Begeisterung die Tränen in die Augen! Unglaublich, dass so eine einfache Sache mich dermaßen mit Freude erfüllen konnte! Die »Reizdiät« hatte offenbar meine Wahrnehmungskanäle so aufnahmebereit gemacht, dass ich Dinge bemerkte, die sonst eher unbemerkt an mir vorbeigegangen waren.

Ergebnisse, die bis heute anhalten

Noch heute, Jahre später, denke ich mit Freude an diese Tautropfen im Gras und welche Freude sie bei mir auslösten. Von Tag zu Tag wurde es friedlicher und stiller in mir, ich fühlte mich rundum versöhnt mit mir und der Welt. Am letzten Tag wurde das edle Schweigen kurz vor der Abreise aufgehoben und wir konnten uns austauschen. Es war interessant, wie ähnlich die Erfahrungen der anderen waren. Interessant auch, dass ich das Sprechen so wenig vermisst hatte, dass ich gar nicht so sehr darauf erpicht war, jetzt mit allen ins Gespräch zu kommen.

Ich habe mit drei Frauen gesprochen, die mich während der zehn Tage neugierig gemacht hatten, eine davon war Vera, die ich mit rollenden Augen angelächelt hatte, wofür ich »gemahnt« wurde. Wir sind heute noch befreundet und haben regelmäßigen Kontakt, obwohl wir viele hundert Kilometer auseinander wohnen, verbringen sogar manche Urlaube miteinander.

Vipassana

Das Wort »Vipassana« bedeutet auf Pali (eine indische Sprache) »die Dinge sehen, wie sie wirklich sind«. Vipassana-Meditation ist eine wichtige Methode des buddhistischen Geistestrainings. Sie dient zur Einübung und Entwicklung von Achtsamkeit. Sie wird auch »Einsichtsmeditation« genannt, weil ein Geisteszustand kultiviert wird, der eine klare Sicht und eine Erfassung der äußeren Situation und der inneren mentalen und emotionalen Zustände ermöglicht.

Vipassana ist unabhängig von Glauben und Weltanschauung und führt über die Auflösung von Konditionierungen und Illusionen zur »Befreiung«.

Einstieg ist in der Regel die Atembeobachtung (Anapana, siehe nachfolgend). Mit der Zeit wird der Fokus der Aufmerksamkeit immer weiter und erforscht beobachtend den gesamten Körper mit dem Ziel, Achtsamkeit letztlich auch im Alltag aufrechtzuerhalten.

Die wohl bekannteste »Schule« ist die von Satya Narayan Goenka (geb. 1924 in Myanmar), die weltweit Zehntageskurse anbietet. Weitere Informationen finden Sie auf meiner Website www.katharina-maehrlein.de oben rechts unter »Partner« und dort neben dem Symbol eines drehenden Rades. Ich kann Ihnen einen solchen Kurs nur wärmstens empfehlen! Er wird tatsächlich Ihr Leben ins Positive verändern!

Anapana

Anapana bedeutet »Achtsamkeit beim Ein- und Ausatmen«. Diese Methode wird auch als »Vergegenwärtigung des Atems« bezeichnet.

Sie wirkt den Geist klärend, indem sie die Fähigkeit, aufmerksam zu sein, pflegt und stärkt. Die Anwendung von Anapana unterstützt schon nach kurzer Übungszeit dabei, sich geistig zu sammeln. Die Konzentrationsfähigkeit wird erhöht und das ermöglicht uns, die eigene Aufmerksamkeit immer beständiger auf eine Sache richten zu können.

»Wenn das Leben dich aus dem Sattel wirft, nimm die Zügel selbst in die Hand.«

Katharina Maehrlein

Über die Autorin

Nach ihrer Tätigkeit als Ergotherapeutin in einer psychiatrischen Klinik, dem Studium von Psychologie, Soziologie und Publizistik und einem Masterstudium mit Abschluss Master of Science im systemisch-analytischen Coaching hat Katharina Maehrlein in den letzten 20 Jahren über 30 000 Menschen trainiert und gecoacht. Daneben ist die Expertin für Resilienz und innere Kraft auf vielen Lebensbühnen zu Hause: Sie ist Mutter von zwei erwachsenen Töchtern und doppelte Großmutter, war lange Geschäftsführerin einer erfolgreichen Unternehmensberatung, begeistert als gefragte Vortragsrednerin, hatte einen Lehrauftrag an der Hochschule RheinMain im Fachbereich International Business Administration, ist Yogalehrerin und Bestsellerautorin von »Die Bambusstrategie – Den täglichen Druck mit Resilienz meistern«, »Erfolgreich führen mit Resilienz – Wie Sie sich und Ihre Mannschaft gelassen durch Druck und Krisen steuern« und Autorin von zahlreichen Fachartikeln in Print- und Onlinemedien.

Katharina Maehrlein ist für die Anwendung zahlreicher wissenschaftlich abgesicherter und international anerkannter Persönlichkeitsmodelle zertifiziert und hat selbst wirkungsvolle Instrumente zur Stärkung der Persönlichkeit entwickelt, wie das Status-Signal-System, die Bambusstrategie® und ChiPS – Communicate with horses to improve your personal strengths®. Ihre Teilnehmer begeistert sie mit humorvoll-erkenntnisreichen Impulsvorträgen, Seminaren und Coachings, bei denen sie wissenschaftlich untermauerte Erkenntnisse aus der Hirnforschung und der Psychologie mit ihrer persönlichen Philosophie verbindet. Außerdem berät sie zahlreiche Unternehmen zu den Themen »gesund führen«, »Resilienz« und »Stressbewältigung«.

Katharina Maehrlein ist Initiatorin von Soul@Work, ihrer Initiative zur Förderung von psychischer Gesundheit und Lebensqualität in der Arbeitswelt, und veranstaltet gemeinsam mit Heidi Lensing regelmäßig den Soul@Work-Kongress, Soul@Work-Backstage und gibt jährlich den Soul@Work-Themenband heraus. Sie lebt mit Pferd und Hund in Taunusstein bei Wiesbaden.

www.katharina-maehrlein.de
www.soulatwork-kongress.de
www.soulatwork-backstage.de
www.soulatwork-akademie.de

Soul@Work
AKADEMIE

„Du kannst die Wellen nicht stoppen, aber Du kannst lernen, sie zu reiten."

Joseph Goldstein

Das Buch hat Ihnen gefallen und Sie würden die Inhalte gerne für sich oder Ihre Mitarbeiter in die Praxis umsetzen? Sehr gut! Aber Verhalten und Einstellung entwickeln sich nicht beim Lesen eines Buches oder in einem 1 oder 2 Tagesseminar! Persönlichkeitsentwicklung braucht Selbsterfahrung und Zeit!

Deshalb gibt es dieses Buch jetzt als Online-Kurs an der Soul@Work-Akademie.

Der Kurs ermöglicht es Ihnen, die Inhalte in verdaulichen kurzen Häppchen nicht nur zu lesen, sondern tatsächlich zu erarbeiten, zu verinnerlichen und im Alltag nachhaltig umzusetzen.

Durch miteinander verknüpfte didaktische Elemente nach neuesten wissenschaftlichen Erkenntnissen, individuelle Begleitung durch Programm-Coach, interne Community, Tutoring, Video, Audio, Bonusmaterial und vielem mehr werden Sie und Ihre Mitarbeiter fit gemacht.

DENN: **LERNEN IST ERFAHRUNG, ALLES ANDERE IST NUR INFORMATION.**

IHR NUTZEN

- Echte Entwicklung statt nur Wissenstransfer
- Sofortige Umsetzung in der persönlichen Praxis
- Starten und trainieren jederzeit und überall
- Permanentes individuelles Coaching-System
- Interne Community für Teilnehmeraustausch
- Kein Arbeitszeitverlust und keine Reisezeit
- Zertifiziertes Sicherheits-Level garantiert umfassenden Datenschutz

Weitere Informationen und Demozugang unter **www.soulatwork-akademie.de**

Soul@Work
BACKSTAGE

IDEEN – KONZEPTE – LÖSUNGEN
AUS DER UNTERNEHMENSPRAXIS FÜR DIE UNTERNEHMENSPRAXIS

Erfahrungsaustausch mit Fokus auf die Förderung von psychischer Gesundheit, Leistungsbereitschaft und Lebensqualität in der Arbeitswelt.

- Branchenübergreifender Erfahrungsaustausch
- Networking auf hohem Niveau
- Neue Perspektiven – weiter Horizont – Out off the Box
- Unterstützung und Begleitung
- Benchmarking
- Fachkräfte finden und binden
- Unverbindlich und komprimiert

Soul@Work Backstage richtet sich an Personaler, BGM-Verantwortliche, Betriebsräte, Betriebsärzte, Führungskräfte und Geschäftsführer aus KMU, Konzernen aller Branchen und sozialen Institutionen.

Katharina Maehrlein

Heidi Lensing

Aktuelle Termine und Infos unter www.soulatwork-backstage.de
T +49 89 23960212 I office@saw-consult.de